Edgardo Dobry

Orfeo en el quiosco de diarios
Ensayos sobre poesía

Adriana Hidalgo editora

Dobry, Edgardo
Orfeo en el quiosco de diarios : ensayos sobre poesía - 1a ed.
Buenos Aires : Adriana Hidalgo Editora, 2007.
330 p. ; 19x13 cm. (La lengua / Ensayo)
ISBN 978-987-1156-69-6

1. Ensayo Argentino. I. Título
CDD A864

la lengua / ensayo

Editor:
Fabián Lebenglik

Diseño de cubierta e interiores:
Eduardo Stupía y Gabriela Di Giuseppe

© Edgardo Dobry, 2007
© Adriana Hidalgo editora S.A., 2007

Córdoba 836 - P. 13 - Of. 1301
(1054) Buenos Aires
e-mail: info@adrianahidalgo.com
www.adrianahidalgo.com

ISBN 13: 978-987-1156-69-6

Impreso en Argentina
Printed in Argentina
Queda hecho el depósito que indica la ley 11.723

Prohibida la reproducción parcial o total sin permiso escrito
de la editorial. Todos los derechos reservados.

Prólogo

El siglo XX se terminó –y el XXI empezó o, todavía, espera– con una *crise de vers* no menor de la que Mallarmé diagnosticó –y contribuyó a precipitar– a finales del XIX. El signo de la crisis, sin embargo, es distinto: con el simbolismo se trataba de una tensión no resuelta entre los instrumentos tradicionales de la poesía y la búsqueda de algo nuevo, de un recomienzo. El mundo cambiaba visiblemente y la poesía buscaba su lugar en una situación demasiado volátil para su necesidad de pisar suelo firme. En esa zona de transición se carga el resorte que va a impulsar las primeras vanguardias. La crisis de hoy es menos un desconcierto que un compás de espera: los manifiestos dejaron de tener sentido, las provocaciones no encuentran respuesta, lo excéntrico forma parte de la escena, los márgenes están dentro del cuadro; lo nuevo es lo canónico, todo lo que quiere ser novedoso es ya epigonal. Eso no significa que la poesía no busque trazar sus proyectos; al contrario, los necesita más que nunca cuando parece que ha perdido la capacidad de formularlos. Pero hay algo sustancial que se agotó hace años y no aparece aún su relevo o la posibilidad de adivinar su dirección.

Cada uno de los ensayos que reúne este libro intenta jugar el papel de un mapa en ese atlas hecho de páginas de celofán, que superponen los dibujos tentativos. Su unidad no pretende ser mayor que su dispersión, y viceversa: precisamente porque se trata de detectar un lugar que ha perdido la fijeza y se desliza por estratos e instancias heterogéneas y provisorias. Para pensar hoy el lugar del poeta y el espacio de la poesía hay que revisar la vigencia o la caducidad de las figuras y los patrones, las funciones que no se han transformado del todo pero que tampoco siguen iguales a sí mismas —acaso vivimos desde hace años en una lenta transición estética que no se resuelve, tan lenta que apenas percibimos el movimiento—, las poéticas que transitan por territorios con fronteras en litigio perpetuo.

Estos trabajos se interrogan acerca de la trayectoria por la cual el poeta, desde la segunda mitad del siglo XIX, abandona la palestra pública, se refugia en su gabinete y se aboca a un intercambio de materiales entre pares, prescindiendo y hasta rechazando al lector no iniciado. Y busca mostrar las diversas tentativas, nunca evidentes ni sencillas, por encontrar la trayectoria de vuelta. Lo que había sido voluntario aislamiento se convirtió en reclusión; el arresto aristocrático del poeta frente al mundo *vulgarizado* por la democracia y el periodismo dio en melancolía gremial. De allí que en varios de los trabajos aquí reunidos aparezca el simbolismo y sobre todo Mallarmé, cuya actitud –no tanto como conducta personal sino como posición del poeta *dentro* de su poema– es determinante de lo que sucederá en el siglo XX y, en buena medida, de lo que sucede todavía. Mallarmé es, sino el fundador, el exponente sublime e insuperado del espíritu aristocrático de la poesía contemporánea: el hermetismo resulta, en su obra, una estrategia para mantener al lector de novelas y diarios alejado de su órbita.

Con mayor o menor conciencia de ese ascendiente, buena parte de la poesía del siglo XX se escribió desde esa posición: desde el aristocratismo y la melancolía. Uno de los trabajos centrales de este libro se interroga acerca de cómo se *esconde* el poema en la era de la opinión pública, e intenta perseguir el camino recorrido para ese encierro voluntario. Rechazo de la palestra pública y reflejo del reino interior: dos movimientos simultáneos, en los que el romanticismo se reelabora como una sensibilidad sin alternativa. En Argentina, Alejandra Pizarnik representó una de las búsquedas más intensas del poema como espejo o escudo del reino interior, de la fascinación por el propio yo como objeto exclusivo de estudio.

Sin embargo, la vanguardia poética fue, en sus inicios, un movimiento entusiasta a favor del regreso del poeta al mundo. Al menos lo fue en Apollinaire, quien intentó, con la fuerza enorme de su invencible optimismo, volver a abrir lo que Mallarmé había clausurado. Apollinaire es el Orfeo que ve en todos los fenómenos del mundo moderno

—los tranvías, los carteles publicitarios— no obstáculos para la poesía sino, al contrario, una multiplicada fuente de material lírico. Hay también, a lo largo de la poesía contemporánea, una corriente que busca su territorio y sus instrumentos en la era de la opinión pública y la publicidad. De hecho, en dos versos de "Zona", el primer gran poema de *Alcoholes*, se formula, implícitamente, la cuestión que podría servir de pórtico a todas las reflexiones de este libro: "Lees los prospectos los catálogos los carteles que cantan a pleno pulmón/ En ellos se encuentra la poesía esta mañana para la prosa están los diarios". Si la poesía está en los carteles y la prosa en los diarios, ¿qué lugar le queda al poeta en el caótico orden de la ciudad? ¿Dónde ponerse? ¿Qué escribir? Apollinaire propone encontrar el sistema del caos urbano, aunque su caducidad sea inminente. Su poesía es una suerte de *edición* de las imágenes posibles, de la experiencia percibida sin sujeto voluntario, como al acaso, como un *objeto encontrado* pero engarzado todavía en los instrumentos de la tradición y del arte. A través de su vinculación con los grandes representantes de la primera vanguardia pictórica francesa —Picasso, los Delaunay, Derain, Picabia— aparece en *Alcoholes* y en *Caligramas* una tensión extrema y fértil, ya irrepetible, entre la tendencia a "lo nuevo" y las raíces de la versificación tradicional. La poesía moderna buscaba sacudirse su exceso de subjetividad, *objetivarse*. En la estética del cubismo —que, al saltar de la perspectiva única a la superposición de múltiples puntos de vista, postula una forma de abolición del sujeto como sustento del espacio pictórico– Apollinaire encontró una vía hacia ese propósito, y la transmutó en poesía. Mallarmé llevó la escritura a un terreno en el que las brújulas se funden; Apollinaire fue el primero en señalar un atajo, por el que quiso escapar a la idea del poema como refugio impermeable a los ruidos de la calle.

Uno de los grandes poetas catalanes del siglo XX, Gabriel Ferrater, es objeto de un capítulo de este libro no sólo por la forma en que, en su obra –y sobre todo en su *Poema inacabado*– intentó señalar uno de los lugares posibles para la poesía –sintomáticamente, con un poema destinado a quedar "inacabado"–, sino por la lucidez con que, en sus ensayos, fue capaz de repensar su tradición para trazar la hoja de ruta propia. Algo no muy lejano de lo que T. S. Eliot llamó "tradición y talento individual": la definición del poeta moderno como productor de una obra tributaria de sus mayores, pero al mismo tiempo escrita *contra* la tradición, como pieza última que, al agregarse, modifica el orden y la percepción del conjunto. En el ámbito de la poesía española, Luis Cernuda representó el caso de un poeta con un oído exquisito y una inspiración virtuosa al que el exilio y la necesidad de encontrar nuevos recursos lo abocan a hibridarse con la dicción poética de otra lengua –la inglesa– y a reformular su posición de poeta. No es casualidad que ambos, Cernuda y Ferrater, hayan sido, además de poetas admirables, grandes críticos, inquisidores de las tradiciones a las que pertenecían. En ellos se cumple uno de los conceptos fundamentales de la estética moderna: la historicidad de la escritura, la impregnación política no como "mensaje" previo sino como tinta con la que el poema se inscribe.

En la órbita de estas reflexiones, Cavafis ocupa una posición singular en la relación entre periferia y centralidad. En el poema que es objeto del ensayo incluido en este libro –"El dios abandona a Antonio"– se trata de la forma en que el distanciamiento adquiere categoría estética: cómo se cruzan la historia, el mito y la creación poética, cómo solamente desde la periferia parece posible ese encuentro. Cavafis escribió en el registro moderno de una lengua en la que se forjaron, unos dos mil quinientos años atrás, algunos de los modelos definitivos de la filosofía y la poesía universales. Curiosamente, otro poeta *fuerte* del siglo XX, Giuseppe Ungaretti, nació, como Cavafis, en Alejandría, y llegó tardiamente "al país cuya literatura debía marcar tan profundamente".[1] Cuando Ungaretti llega a París, Apollinaire, de madre polaca y nacido en Roma, había empezado a realizar sobre la lengua poética francesa un trabajo comparable al que Ungaretti iba a llevar a cabo más tarde en Italia. Esta distancia con la propia lengua, que aparece como rareza del destino individual en los europeos –pero al mismo tiempo como determinante de su posición moderna frente a la

---

[1] Tomás Segovia, prólogo a su edición de Giuseppe Ungaretti, *Sentimiento del tiempo, La tierra prometida*, Barcelona, DeBolsillo, 2006, p. 7.

tradición y la lengua, en Ungaretti, Cavafis o Apollinaire, y en otros que llegan tarde a sus propios países, como los *uruguayos* Lautréamont y Supervielle, o como Saint-John Perse, nacido en Martinica– es acaso consustancial al poeta americano, hijo de inmigrantes, escindido entre una escena lingüística familiar y otra escolar y comunitaria. ¿Qué *naturalidad* existe en la relación que tienen con la lengua Pizarnik o Saer, ambos hijos de inmigrantes? A diferencia de Ricardo Molinari, por ejemplo, en quien el dominio de la tradición española parece infuso –y en cierto modo su producción puede leerse como la apuesta por adscribir la poesía argentina al tronco común de la tradición española, como quisieron Menéndez Pelayo y Unamuno–, en Pizarnik y en Saer cierta peculiaridad gramática, cierta respiración forzada quizá tiene que ver con esa posición peculiar –con ese lugar periférico en el mapa de la cultura y en la adscripción a la lengua. Distintas formas de dispersión que se salvan en el atajo de la modernidad. En los ensayos dedicados a cada uno de estos poetas se intenta señalar la modulación que ese proyecto y ese trayecto adquiere en cada caso.

La lengua porosa y absorbente: en los sicilianismos de las tías de Arturo Carrera; en la impregnación de todas las hablas en los personajes raramente dramáticos de Daniel Samoilovich. La poesía argentina surge donde se transforma o rarifica un cuerpo aún no solidificado del todo –como la perla que Cleopatra disuelve, frente a Antonio, en la copa de vinagre. Centrifugación sin centro, espiral como de cuerda estallada, pero no como producto de una posición ingenua sino al contrario: como respuesta articulada en su coherencia formal. ¿Cuál será, en esa escena cambiada, el refugio de Orfeo? En este hiato o interrupción de la continuidad en una línea y en las posibilidades de sutura se encuentra buena parte de la poesía contemporánea. La poesía escrita en Argentina a partir de mediados de la década de 1980 puede leerse como una nueva búsqueda del atajo de Apollinaire: el coloquialismo y el objetivismo son intentos de reencontrar el camino de vuelta hacia una realidad y una lengua vivas, frescas, en pleno estado de factura. Son modulaciones nuevas de uno de los asuntos más antiguos de la reflexión acerca de la poesía: el de la *mimesis*, el de cómo reflejar en el poema –según qué leyes y cuáles proporciones– el mundo que el poeta experimenta. En la lírica contemporánea, buena parte de la respuesta a esa pregunta se concentra en el registro de lengua representado en la escritura. Qué recortes y operaciones debieron realizar o están realizando los poetas argentinos para encontrar esa senda es lo que intenta señalarse en otros de los ensayos aquí incluidos. La "fonética", como la llamaba Oliverio Girondo –en el prólogo a *Veinte poemas para ser leídos en el tranvía*, escrito *casualmente* en París–, o la "dicción", como dice Sergio Raimondi en una reciente entrevista:[2] hay algo en la poesía argentina que

---

[2] Realizada por Osvaldo Aguirre en *Diario de Poesía*, nº 72, Buenos Aires, mayo de 2006.

busca su carácter genuino en el registro de lo oral, entendido como factor de conmutación entre el habla y la escritura. No se trata de una mera transcripción, que no tiene demasiado interés en literatura más allá del costumbrismo, sino de un procedimiento para captar, nuevamente en su marca temporal, histórica, eso que está ahí, que transcurre en la calle. Y de qué manera se refleja esa búsqueda en poetas jóvenes de otros países latinoamericanos es el asunto que ocupa otro de los ensayos de este volumen.

El *Golpe de dados* de Mallarmé y los caligramas de Apollinaire son el último grado de un largo proceso: la progresiva separación, en la poesía, de canto y escritura, de voz y letra. Sin embargo, en la poesía argentina en particular, la oralidad tiene una importancia insoslayable, como si cierto rasgo identitario y definitivo se buscara en la reelaboración literaria de la inflexión local o nacional de la lengua. ¿Pero qué voces se oyen en esa poesía? ¿Qué hay en esas "cositas" que Zelarayán escucha decir al cajero de una pizzería porteña y que reaparecen en una breve autobiografía intelectual de Martín Gambarotta? ¿Qué arco se traza desde la sintaxis clásica, casi áurea, que Saer se lleva del litoral fluvial argentino y que, pasada por su impregnación de la poesía y la novela francesa contemporáneas, reaparece en sus versos, núcleo a medias borrado de toda su obra? Estas cuestiones y algunas otras laten en estos trabajos, que en ningún caso surgieron para afirmar una certeza sino, al contrario, por la necesidad de tentar una respuesta posible a esos interrogantes.

Agradecimientos

Decir que lo menos vano de los trabajos aquí reunidos no existiría sin el diálogo al mismo tiempo esporádico y prolongado con algunos amigos no es una mera figura retórica. Debo mencionar entonces a Nora Catelli, Ana Basualdo, Jorge Belinsky, Julieta Yelin, Antoni Martí Monterde, Martín Prieto, Daniel García Helder, Yanko González, Pedro Araya, Osvaldo Aguirre. Parte del trabajo de revisión y armado de este libro se llevó a cabo en la Meet (Maison des écrivains étrangers et des Traducteurs de Saint-Nazaire, Francia) en octubre de 2005. Además, varios capítulos del primer bloque surgieron de la participación en dos ciclos –*Poesía y periodismo a y periodismo* y *Ut pictura poesis* (coordinado por María Teresa Gramuglio, cuyo nombre no puede faltar en esta página)– que tuvieron lugar en el Centro Cultural Parque España de Rosario (en mayo de 2005 y septiembre de 2006), a cuya directora por entonces, Susana Dezorzi, debo también mi gratitud.

Poetas sobre el plano

Poesía y alquimia

Entre el intelectual y el especialista, ¿qué lugar para el poeta? Hay algo aún más desolador que el nihilismo propio de quien ha acotado al máximo su campo de saber: la melancolía del especialista sin especialidad, como en la posición que le queda, ahora, al poeta. Fue visto tantas veces como aquel capaz de señalar los límites del territorio literario, y ahora su dominio es una provincia remota, rica en prestigiosos monumentos decrépitos, como pirámides medio sepultadas en la arena. Aislado de su pasado y en espera de un futuro que ya caducó, no está en las fronteras de la literatura, sino en el desierto de su propia desazón.

El punto de partida de este proceso, que abarcó todo el siglo XX y continúa todavía, se ubica hacia finales de la década de 1860, con el simbolismo francés, con Mallarmé en particular. A lo largo del siglo XIX, el importante crecimiento de la alfabetización y los avances tecnológicos permitieron las primeras grandes tiradas de libros y de prensa periódica, convirtiendo las diversas formas de producción textual —periodismo, folletín, poesía popular— en el primer objeto de consumo masivo. La palabra impresa empezaba a estar al alcance de casi todo el mundo, a la medida del bolsillo y del entendimiento del burgués. Esta situación, que entusiasmó al novelista, produjo una inquietud creciente en el poeta. Entre los afiches y los diarios que ve por la calle, Baudelaire exclama: "Es el oleaje creciente de la democracia, que todo lo iguala"; pero el verdadero espanto ante la nivelación se convertirá, con Mallarmé, en motor de poética. Frente a la imparable circulación de material escrito, frente a la erosión diaria de la palabra a manos del periodista, Mallarmé se arrogó una posición de mistagogo de un saber que debía ser preservado, que no podía quedar al alcance de todo el mundo. El lector-votante era para la novela; la poesía era para el lector distinguido, que también se llamará el "aristócrata del espíritu". Las actitudes radicalmente reaccionarias de algunos de los mayores poetas del siglo XX tienen buena parte de sus raíces en esta posición.

Si la información circulaba, imparable, el saber debía reservarse a un grupo de iniciados. En una carta a Henri Cazalis, de abril de 1866, Mallarmé confiesa hallarse en busca de *la Grande Œuvre*, "como decían los alquimistas, nuestros antepasados". Con la equiparación de poesía y alquimia Mallarmé asumía la herencia del romanticismo alemán, de Novalis sobre todo, para quien la poesía era una forma de la magia y una expresión del poder iniciático de la lengua. Por eso el nuevo lenguaje de la poesía, como producto de esa alquimia, se vuelve incomprensible para el lector masivo. Esa misma asimilación conduce a la opacidad, al hermetismo (la etimología de la palabra "hermético" remite a Hermes Trimegisto, divinidad alejandrina de la alquimia, el esoterismo y los saberes ocultos).

Para Mallarmé el hermetismo esotérico tiene un sentido defensivo, es la clara voluntad de expulsar al lector de diarios del ámbito de la poesía. El poeta teme que la vulgaridad de ese lector mancille su arte verbal, que es una aspiración a lo Absoluto; con este rechazo del lego, el poeta es ya un especialista ensimismado: "Soy un incompetente en cualquier materia que no sea el Infinito" decía Mallarmé. En su poesía son frecuentes las imágenes de las estancias cerradas y a oscuras. El escenario donde tiene lugar la acción del "Soneto en *ix*" fue definido por él mismo en una célebre glosa (contenida en otra carta a Cazalis, de julio de 1868), como "un chambre avec personne dedans": un cuarto con nadie dentro. La ligera agramaticalidad de la construcción es significativa: esa figura tan replegada sobre sí que se convierte en la presencia de una ausencia es la representación precisa del poeta simbolista y contiene el germen de su extensa descendencia. La reclusión, la distancia insalvable con el mundo es su respuesta al avance imparable del lector de diarios. Una forma defensiva del saber convertida en opción estética, puesto que el propio poema se cierra sobre sí mismo, se aísla en favor de un juego especular entre escritura y lectura: Mallarmé definió al poema en *ix* como "soneto alegórico de sí mismo".

Cuarenta años antes de que Mallarmé escribiera el "Soneto en *ix*", Lord Byron había propuesto la imagen del lector como un *cliente* del poeta:

> *But for the present, gentle reader, and*
> *Still gentler purchaser, the bard –that´s I–*
> *Must with permission shake you by the hand*

("Y ahora, amado lector y aún/ más amado cliente, el poeta –que soy yo–/ con tu permiso te estrecha la mano...", *Don Juan*, I, 221.) En *Don Juan* son constantes las referencias a los editores de revistas literarias, al dinero que pagan a sus colaboradores, a la relación que tiene todo ello con "My epical pretensions to the laurel" y a la temida reacción de los "prudish readers", los lectores mojigatos. (Todavía a mediados del siglo XX, Eliot –curiosa convergencia de poeta vanguardista y crítico conservador–, insistiendo en la necesidad de separar la palabra poética de la periodística, dirá que Byron poseía "una sensibilidad defectuosa", carecía de un "lenguaje apropiado para expresar los sentimientos", y concluía: "Lo que Byron hizo por el idioma se parece mucho a lo que hacen día a día los principales columnistas de nuestros diarios".[3])

En cuanto a Baudelaire, podemos discutir si consideraba al lector como un "hipócrita" por ser un "semejante" o viceversa, pero tanto en su caso como en el de Byron la cercanía de ese "cliente" y de ese "semejante" es permanente, sin ser todavía amenazadora. En Mallarmé, en cambio, el público es ya un ente que conviene mantener a distancia; y si el público no se aleja por iniciativa propia, a pesar de to-

---

[3] T. S. Eliot, *Sobre poesía y poetas* (1957), traducción de Marcelo Cohen, Barcelona, Icaria, 1992, p. 225.

das las advertencias, entonces queda la reclusión como última posibilidad. La aventura africana de Rimbaud es una de las tantas tentativas de fuga (la más extrema, puesto que huye de todo, incluso de la poesía, incluso más: de toda actividad intelectual).

Buena parte del pensamiento filosófico del siglo XX tiene un germen semejante: la repugnancia frente a la democratización de la palabra escrita. Como heredero y heraldo de la alta tradición especulativa de Occidente, el filósofo debe denunciar el "palabrerío" de la prensa periódica. Fritz Mauthner, discípulo de Ernst Mach, publicó a principios del siglo XX su *Aportaciones a una crítica del lenguaje*, en el que impugna el "charloteo", postula que el lenguaje es al mismo tiempo "puente y barrera" entre los seres humanos y sostiene que el filósofo debe ser consciente del carácter metafórico de la lengua, que no permite llegar a ningún conocimiento definitivo –en esta senda, Hofmannsthal escribirá su famosa "Carta de Lord Chandos". La insistencia de Wittgenstein en aislar lo que "es decible" de lo que es puro palabrerío, y la vehemencia de Heidegger contra la "cháchara" de la opinión pública forman parte, en el sentido que aquí nos ocupa, del mismo movimiento. La democratización de la lectura, la conformación de la "opinión pública" ligada a la prensa periódica provoca en los espíritus ilustrados una inmediata desconfianza en el poder cognoscitivo de la lengua, como si fuera una casa de moneda que ha imprimido demasiados billetes como para sostener su valor de cambio.

En el séptimo verso del "Soneto en *ix*" se lee: "le Maître est allé puiser des pleurs au Styx" ("el Maestro se ha ido a captar llantos en la Estigia"), es decir se ha ido hacia adentro de la literatura, se ha disuelto en sus propios libros, aunque en su gabinete todo denuncie su presencia reciente. El poeta, el alquimista, ni siquiera estará allí, en su recluido lugar de trabajo, si el lector viene a buscarlo. Este punto señala el origen del divorcio entre el poeta y el lector (el cliente, el semejante). No es casual que, frente a la imagen de un Baudelaire mezclado con las barricadas de 1848, y frente a un Byron muriendo por la causa griega en Missolonghi, encontremos a Mallarmé fumando en su sillón; poniendo, como decía él, "algo de humo entre el mundo y yo". O bien frente al exhibicionismo veneciano de Byron y el *flâneur* baudeleriano, un Mallarmé para quien, como escribió Albert Tibaudet, "la calle no es más que el camino a casa". Un siglo y pico más tarde vemos el éxito del programa simbolista: el público lector ha dejado de interesarse por la poesía (salvo, como mucho, por aquellas formas de poesía bastarda, seudopopular, que los propios poetas expulsan por falaz de su territorio).

El ejemplo de Mallarmé, del poeta iniciado que interpone entre sí y el público la muralla china de su saber, tuvo gran predicamento a lo largo del siglo XX, a pesar de o justamente porque a medida que las generaciones se fueron sucediendo el muro se hizo cada vez más poroso y disperso. El ámbito anglosajón también dio ejemplos notorios de poetas imbuidos de un saber reactivo; la figura ejemplar es Ezra Pound. En 1917, el mismo año en que T. S. Eliot publicó sus famosas teorías sobre *Hamlet* y el "correlato objetivo", y sobre la relación entre el talento individual y la tradición, Pound sacó un breve ensayo sobre el poeta francés Jules Laforgue en el que afirmaba: "El profesor, el erudito, a veces por egoísmo, no suelen interesarse por la literatura contemporánea... Y entonces el periodista pasa a ser juez". Bajo la apariencia casual de esta queja se dibuja un panorama completo: frente a la indiferencia del erudito y a la banalidad del periodista —es decir del crítico dedicado a reseñar las novedades literarias— al poeta moderno sólo le queda un lector legítimo: el otro poeta. Ya se sabe el papel que cumplió Pound como lector y editor de Eliot y Joyce. Es muy célebre también la dedicatoria de *The Waste Land* a Pound, a quien Eliot llama "il miglior fabro", el mejor artesano, precisamente por el trabajo que había hecho con su poema. La lectura se vuelve activa, el poeta-lector pasa a ser coautor, editor. Es un buen antecedente para las estéticas posmodernas del lector como escritor, que irrumpirán con fuerza en el territorio de la teoría literaria a partir de la década de 1960. Pero también es un claro episodio de melancolía gremial, en la que ya no queda otro semejante ni otra clientela que la de los poetas que se leen y se comentan entre sí.

El ensimismamiento del poeta coincide con la definitiva entrada en escena del verso libre, que marcará el desarrollo de la poesía del siglo XX, al menos en las literaturas en lenguas romance. ¿Por qué el poeta, en el momento en que se vuelve corporativo, cuando siente la mayor necesidad de defender su saber del acoso de la opinión pública, renuncia a sus instrumentos tradicionales, el endecasílabo o el alejandrino, o el soneto? No existe una respuesta definitiva para esta cuestión. Para Mallarmé, el alejandrino y el soneto se fueron volviendo fórmulas demasiado manidas; parte de la alquimia del poeta consistía en fabricarse instrumentos nuevos, más opacos cada vez. Un poco antes de esa frontera está el "Soneto en *ix*": todavía un soneto, pero erguido sobre una rima tan imposible que necesita del neologismo para cerrarse y velado por una oscuridad tan indescifrable que el propio autor se siente obligado a explicarlo en una glosa. Rimbaud parece impulsado por una voluntad semejante. En cuanto a Pound, se le debe la sorprendente idea de que "el verso libre nace del sentido de la cantidad, después de muchos siglos de ayuno", con lo que pretendía vincular su obra y la de algunos contemporáneos con la versificación de griegos y latinos, perdida para siempre desde la decadencia de esas lenguas.

Mallarmé, Laforgue, Rimbaud produjeron una ruptura en el cuerpo mismo de su obra: es el momento en que un poeta que conoce la tradición clásica y moderna renuncia a las formas heredadas en favor de otra cosa, de algo original; es el momento en que el poeta se interesa solamente por aquello que *no* sabe hacer, que todavía no conoce y tiene que inventar cada vez. En estos poetas, el salto al verso libre tiene el sentido de una rebelión contra unas categorías y unos instrumentos tradicionales. En castellano nadie lo expresó mejor que José Martí; en el prólogo a sus *Versos libres*, escrito hacia 1878, apunta: "Mientras no pude encerrar íntegras mis visiones en una forma adecuada a ellas, dejé volar mis visiones (...). Pero la poesía tiene su honradez, y yo he querido siempre ser honrado. Recortar versos, también sé, pero no quiero. Así como cada hombre tiene su fisonomía, cada inspiración trae su lenguaje". Esto está escrito casi veinte años antes de que Mallarmé declarara, en Oxford, que la prosa es en realidad "un verso fragmentado, que juega con sus timbres e incluso con sus rimas disimuladas [...] porque toda alma es un nudo de ritmos".

Ahí se produce un salto definitivo, que Baudelaire no había querido dar. Baudelaire, siguiendo a la letra a Poe, afirmaba que la Belleza es el producto de la razón y del cálculo, y agregaba: "Es evidente que las leyes de la métrica no son reglas tiránicas inventadas arbitrariamente. Son las reglas que exige la estructura misma del espíritu y son ellas las que ayudan al espíritu original a alcanzar su originalidad". Y en "Soleil", la única página de *Les fleurs...* en la que Baudelaire se muestra trabajando en su escritura –por eso era uno de los pasajes favoritos de Walter Benjamin–, leemos:

Je vais m'exercer seul à ma fantasque escrime,
Flairant dans tous les coins les hasards de la rime...

Husmeando los azares de la rima; es el poeta como sabueso de las posibilidades combinatorias del metro y la consonancia. Por eso en *El spleen de París* vuelve a escribir, en prosa, algunos de los poemas de *Las flores del mal*, pero manteniendo ambos géneros bien separados y mostrando la tensión y la diferencia, las posibilidades diversas de cada forma. En todo caso, ¿qué instrumentos le quedan al poeta de hoy para expresar "el nudo rítmico" de su alma? Los recursos rítmicos o fonéticos han dejado paso al dominio casi exclusivo de lo semántico, a la espera de una nueva forma, de una nueva crisis del verso.

Hacia la década de 1960 Auden se burlaba de las estéticas de vanguardia al escribir este aforismo:

Blessed be all metrical rules that forbid automatic reponses, force us to have second thoughts, free from the fetters of Self.[4]

"Pensar dos veces": es decir, utilizar los recursos, reflexionar en términos estéticos, buscar la fusión de fondo y forma. En medio, en efecto, están las vanguardias con sus intentos más o menos artificiosos de escritura automática. Y entretanto se había producido, también, un fenómeno verdaderamente novedoso: como si aquella revuelta hubiera tenido un éxito incluso mayor del que esperaban

---

[4] "Benditas sean las leyes de la métrica, que impiden las respuestas automáticas y nos obligan a pensar dos veces, liberados de los grilletes del yo."

sus promotores, la universidad dejó de hacerse cargo de la transmisión de ese saber, sacrificado por la especialización. El divorcio definitivo entre la poesía y las instituciones literarias es, al menos en parte, otro de los efectos del ensimismamiento simbolista y modernista. En 1931, Pound escribe un artículo titulado "How to read (and why)", antecedente y germen de su famoso libro *The ABC of Reading*, que es un alegato contra la falta de sensibilidad derivada de la especialización académica: "En mi Universidad, encontré a algunos profesores interesados en sus materias, pero ni uno solo que tuviese una visión de la literatura como un todo, o de la relación de la parte que le tocaba enseñar con cualquier otra parte". A partir de allí, toda la obra ensayística de Pound es una disputa megalómana contra el saber y la metodología académica. Y su propia obra poética, sus *Cantos*, son los escombros más o menos sublimes de esa demolición. Fríos escombros sobre los que estamos sentados.

El romanticismo había roto con la correlación entre los conceptos de Belleza, Bien y Verdad, que había dominado la literatura occidental durante siglos. Para Novalis, para Rousseau, el poeta de *genio* es una figura *a-normal*, y por lo tanto está un poco al margen de la comunidad y enfrentado a sus categorías tradicionales. Para Frederich Schlegel, la poesía debía dar cuenta del caos y de la fealdad; para Victor Hugo (en el célebre prólogo de *Cromwell*) el poeta tenía que encargarse de lo "grotesco". De allí hay sólo un paso al malditismo de Verlaine, al albatros patético de Baudelaire, al ensimismamiento y al esoterismo de Mallarmé. Pero en ellos es evidente que la poesía como alquimia, como experimento de lo nuevo, se basa en un amplio conocimiento de los recursos que el poeta pone en juego. Desde entonces hasta ahora algo se ha interrumpido, y del experimento se ha pasado a la experiencia, equívoco concepto que tiende a entenderse como el "tema", como el "contenido" al que se refería Robert Musil,[5] como un regreso intempestivo del "yo" y sus anécdotas al corazón del poema. De la búsqueda de instrumentos nuevos se ha pasado a una suerte de inconsciencia formal, que invierte las categorías de Mallarmé: ya sólo existe la prosa, si todos los nudos rítmicos se han disuelto. Acaso el poeta ha quedado así aislado de las herramientas propias, de sus manuales de alquimia, sin otra fórmula que la desazón y el nihilismo, sacerdote de un rito sin más feligresía que su propio gremio, con la línea de frontera entre lo literario y lo poético cruzando por en medio de su gabinete.

---

[5] "Sólo los escritores mediocres adquieren importancia gracias a los problemas que muestran; en los escritores mediocres lo importante es el tema. En cambio, los grandes escritores devalúan los problemas, porque su mundo es otro; los problemas se vuelven minúsculos, como las siluetas de las montañas en un globo terrestre." ("El problema de la nouvelle", en *Crónica literaria*, agosto de 1914, *G.W.* II, págs. 1465-69.)

Opinión pública y poesía escondida

I

Hacia finales del siglo XVIII la existencia ya consolidada de un "espacio público" –vinculado a la expansión de la prensa periódica, elemento central de la sociedad capitalista–[6] establece una crisis inédita entre los ámbitos privado y colectivo. En algunos autores de la Ilustración aparece formulada esta oposición entre "reino interior" y "acción exterior". El historiador Reinhart Kosellek estudia este concepto en la obra de Hobbes: "La séparation entre intérieur et extérieur, ou, comme dit Hobbes, entre 'actions extérieures' et 'pensée intérieure'... a de profondes racines dans la tradition occidentale".[7] Entre los principales antecedentes del establecimiento de esta oposición, señala a

---

[6] "Dentro de ese orden político y social prefigurado durante la fase mercantil del capitalismo (...) se desarrolla también ahora vigorosamente el segundo elemento constitutivo del marco del tráfico tempranamente capitalista: la prensa. Los primeros periódicos en sentido estricto (...) aparecen con periodicidad semanal al principio, y diariamente ya a mediados del siglo XVIII." J. Habermas, *Historia y crítica de la opinión pública*, Barcelona, Ediciones G. Gili, 1990, p. 58. Y también: "Esa capa 'burguesa' es la verdadera sostenedora del público, el cual es, desde el principio, un público de lectores" (ídem, p. 61).
[7] *Le règne de la critique*, París, Minuit, 1979. La edición original alemana, *Kritik und Krise*, es de 1959.

San Agustín y a Tomás de Aquino; para éste los hombres sólo tienen derecho a juzgar las acciones exteriores, pues únicamente Dios es capaz de percibir el interior.

Esta cuestión había sido motivo de escisión institucional y provocación política en Lutero (*De la autoridad secular. ¿Hasta dónde se le debe obediencia?*, 1523). Para Lutero, aquellos que son interiormente piadosos –los verdaderos cristianos– no necesitan de las leyes seculares. La ley sólo rige para el orden exterior: es lo que impide o dificulta a los no cristianos –a los "malvados"– dar "libre curso a su malicia". Con los "no cristianos" Lutero se refiere a la masa, al pueblo; por eso es imposible gobernar el mundo según el Evangelio: "Intentarlo sería quitar las cadenas a las bestias feroces, por mucho que quieran hacerse pasar por animales domésticos" (la analogía entre el hombre y la bestia feroz es retomada por Hobbes en su famosa fórmula "el hombre es un lobo para el hombre"). Pero lo que interesa subrayar aquí es la forma en que, ya en los reformistas, la oposición entre vida interior y mundo exterior se establece sobre un elitismo espiritual: el reino de lo interior está reservado a unos pocos, que no necesitan de las leyes colectivas. Estas sirven, precisamente, para aquellos que no son capaces de regirse por tales criterios y tienen inclinación natural a actuar como "bestias feroces". Es el único elitismo que será posible en el inminente mundo de la democracia y el capitalismo, puesto que, abolidas las jerarquías de cuna, deposita la condición aristocrática sobre una elevación del espíritu. Para los románticos, la estética se convertirá en algo sagrado en sí mismo. El aristócrata espiritual ya no será el buen cristiano sino el artista y, sobre todo, el poeta.

En el mismo momento en que la oposición interior/exterior se conceptualiza en un contexto moderno, el primero de esos términos aparece amenazado por el segundo. Como si lo interior fuera al mismo tiempo lo elevado, lo delicado, asediado por lo exterior como lo bajo, lo devastador, la "bestia feroz". De hecho, la operación por la cual tanto en Lutero como en Calvino los verdaderos cristianos quedan enfrentados al Estado, como institucionalización del espacio público, deriva en un enfrentamiento entre los "puritanos" y los "políticos". El "puritano", en posesión de una verdad revelada, puede prescindir de todo apoyo exterior; el "político" es el que busca una neutralidad religiosa desde la que intentar incorporar un dominio cada vez más extenso a la "cosa pública". Hay toda una corriente, poderosa y no del todo extinguida, de la poesía moderna que enraíza fuertemente en esta oposición y muestra la actitud defensiva del poeta –cuyo último refugio y principal objeto es la vida interior– frente al acoso creciente de lo que circula como palabra escrita, movido por las rotativas que nunca se detienen. El espacio público es voraz: avanza con pie firme y lo consume todo; el puritanismo es el antecedente del ensimismamiento del poeta, que busca por todos los medios poner distancia entre él y el mundo.

II

La identificación entre vida interior y profundidad –que otorga la "superficialidad" al mundo exterior– es una corriente que atraviesa toda la poesía moderna.[8] Al menos, de esa parte de la poesía moderna volcada a una actitud mística en la percepción de lo espiritual, amenazado por el materialismo creciente de la sociedad capitalista. La separación dieciochesca entre el puritano (el hermano, el divino) y el resto del mundo (el charlatán, el burgués) fue consagrada por los románticos reservando a la belleza artística el valor sagrado que la misma religión iba perdiendo. La sociedad de la opinión pública es cada vez más laica; el sentido de lo trascendente se traslada a la estética.[9] Lo sublime se convierte, como fin en sí mismo, en una especie de dogma de fe. Baudelaire dice, en *El arte romántico*: "La poesía no tiene más objeto que ella misma. Su fin no es la verdad, sino ella misma". Es decir, la verdad *es* ella misma. Un siglo y medio más tarde, otro poeta imprescindible, el norteameri-

---

[8] Un ejemplo reciente: en la edición póstuma de uno de los últimos discursos José Ángel Valente, de 1999, dice: "la poesía es fundamentalmente experiencia de la interioridad de la palabra. La palabra poética nos invita a entrar en ese territorio extremo. Territorio de la extrema interioridad. Lugar del no lugar. Espacio vacío y generador, concavidad, matriz, materia mater, materia memoria, material memoria". Discurso leído al recibir el premio Reina Sofía, en 1999. Publicado en J. A. Valente, *Palabra y materia*, Madrid, Círculo de Bellas Artes, 2006.

[9] Acerca de este punto decisivo, cfr. Ph. Lacoue-Labarthe y J.-L. Nancy, *L'absolu litteraire, Theorie de la litterature du romantisme allemand*, París, Seuil, 1978.

cano Wallace Stevens, en sus aforismos (que publicó como *Adagia*), sigue profesando la misma religión: "Cuando se ha dejado de creer en un dios, la poesía es la esencia que ocupa su lugar como redención de la vida".[10]

En el simbolismo francés —una de las últimas fulguraciones relevantes del espíritu romántico— la oposición entre riqueza interior y banalidad del mundo alcanza nítida expresión; los surrealistas, que derivan del simbolismo, encontrarían la "profundidad del corazón humano" (en palabras de Lautréamont) en la vida inconsciente, cuyas aguas abisales intentarán llevar a la página. El ideal de riqueza en la vida espiritual del poeta como oposición a la progresiva insensibilidad del burgués aparece tardíamente pero con fuerza en la poesía castellana: recordemos, por ejemplo, el primer cuento de *Azul...*, de Darío, en el que el "Rey burgués", que vive "rodeado de cortesanos, de retóricos y de maestros de equitación y baile", deja morir de frío al poeta ("una rara especie de hombre") en el jardín de su palacio. El místico puede, siempre, convertirse en mártir de su fe.

La poesía, último refugio de la vida interior, es la escena de la singularidad y la individualidad. En el ámbito de la opinión pública la subjetividad queda nivelada por lo colectivo: el ideal periodístico es la objetividad, la noticia *tal cual sucedió*. Mientras que sólo en la poesía la subjetividad en-

---

[10] Para la deuda de Stevens con Baudelaire véase Andrés Sánchez Robayna, prólogo a su edición de Wallace Stevens, *De la simple existencia* (antología poética), Barcelona, Círculo de Lectores, 2003, y Barcelona, DeBolsillo, 2006.

contraría una forma única. En la línea de la poesía moderna de raíz romántica, cada poema busca su propia forma. De allí que, en muchas ocasiones, el asunto central de la poesía moderna sea la poesía misma. Por otro lado, buena parte de ese espacio público voraz existe bajo la apariencia de palabra circulante en revistas y diarios. En "La acción restringida", prosa incluida en *Divagaciones* (1897), Mallarmé escribe: "Mal informado quien se proclame su propio contemporáneo (...) fuera de los editoriales de los periódicos encargados de divulgar una fe en la nada cotidiana (...)".[11]

Lo que hoy llamamos "literatura", asimilada sobre todo a los géneros narrativos, se incorpora a un movimiento afín al de la prensa periódica e inicia su camino hacia la industrialización. En la poesía, en cambio, aparece la actitud opuesta: toda la poética del simbolismo –de Mallarmé y Rimbaud–, puede leerse como una reacción contra la literatura misma. Mallarmé desarrolla la estrategia del hermetismo como reclusión: para que la poesía no se vulgarice, la esconde (dentro de la poesía misma). En la misma órbita está el célebre "Art Poétique" de Verlaine, que fue bandera de varias generaciones: empieza pidiendo "De la musique avant toute chose" y se cierra proclamando "tout le reste est littérature". La intención de adscribir la poesía antes a la música que a la literatura muestra el giro por el cual las formas abstractas

---

[11] Stéphane Mallarmé, *Divagaciones*, traducción de Ricardo Silva Santisteban, Lima, Pontificia Universidad Católica de Perú, 1998.

aparecen como menos corruptibles por el espacio público, precisamente por su negatividad, por su inutilidad práctica para transmitir información. En la poesía del simbolismo y las vetas que de éste derivan a lo largo del siglo XX, la idea de profundidad es inherente al sentido: el ideal mallarmeano de la evocación antes que de la denotación apuesta a cargar las palabras con diversos niveles de significado; obviamente, los más profundos y menos obvios son los fundamentales, pero éstos sólo se revelarán a aquellos que posean la sensibilidad y el cultivo suficiente como para llegar a ellos.

A partir de la década de 1910, las primeras vanguardias llevarán este ideal de negatividad y abstracción hasta su extremo. Hugo Ball, uno de los fundadores del grupo Dada, amigo de Paul Klee y de Kandinsky, escribe "poemas fonéticos" en una lengua inventada, que lee en el café Voltaire, en 1916, según su propio testimonio, "como si fuese un canto llano litúrgico". En su autobiografía, *La huida del tiempo* (1927),[12] justifica esos ejercicios: "En esa especie de poesía-sonido uno renuncia —clausura, guarda y empaca— a la lengua que el periodismo ha contaminado y vuelto imposible. Se repliega uno a lo más profundo de la alquimia verbal". En el germen mismo de la vanguardia reaparece el ideal mallarmeano de la poesía como alquimia, de la profundidad y la renuncia al lenguaje vulgarizado por el periodismo.

---

[12] Edición en castellano: *La huida del tiempo (un diario), con el primer manifiesto dadaísta*, traducción de Roberto Bravo de la Varga, Barcelona, El Acantilado, 2005.

III

El cultivo del reino interior lleva a exacerbar la autocontemplación, la convicción de que en el mundo exterior no hay nada tan fascinante como la propia vida interior. El romanticismo francés, Rousseau sobre todo, había indicado el camino; en un pasaje de *Reflexiones de un paseante solitario* (publicado póstumamente en 1782) se lee: "¿De qué se goza en situación semejante [un paseo solitario]? De nada ajeno a uno, de nada sino de uno mismo y de su propia existencia; mientras dura ese estado, se basta uno a sí mismo, como Dios".[13] Divinización del paseante meditativo, prefiguración del flâneur baudeleriano. Marcel Raymond[14] muestra el modo en que Baudelaire traza una nítida oposición entre el "didactismo" o la "herejía de la enseñanza", "cuyo efecto —dice Raymond— consiste en encadenar el poema a la tierra, a la prosa, en fijar nuestra atención *intelectual* e impedir 'ese rapto del alma', esa

---

[13] Toda esta obra tardía de Rousseau podría leerse como una premonición del lugar que ocupará el poeta en la sociedad moderna; desde su primera frase: "Heme aquí, pues, solo sobre la tierra, sin tener más hermano, ni prójimo, ni amigo, ni sociedad que yo mismo. El más sociable y el más amante de los humanos ha sido proscrito unánimemente". Y poco más abajo: "Aunque los hombres quisieran volver a mí, los hombres no me encontrarían. Me han inspirado tal desdén, que su trato me resultaría insípido; y soy cien veces más dichoso en mi soledad que lo que sería viviendo con ellos". Jean-Jacques Rousseau, *Reflexiones de un paseante solitario*, trad. de Carlos A. Sanz, Buenos Aires, Quadrata, 2003.
[14] *De Baudelaire al surrealismo*, trad. de Juan José Domenchina, Madrid, FCE, 1983 (edición original francesa de 1933-1952).

'aspiración humana hacia una Belleza Superior' que sigue siendo el principio y el fin de la poesía". Tenemos aquí un vislumbre de paradigma triple: lo interior es profundo y verdadero, y debe ser cantado por la poesía; lo exterior o público es mundano y superficial, y pertenece al ámbito de la literatura y el periodismo. "La poesía baudeleiriana –agrega Raymond– dirigiéndose menos al 'corazón que al alma', al 'yo profundo', intenta conmover, allende nuestra sensibilidad, las regiones más oscuras del espíritu." Profundidad, oscuridad como territorios propios de la poesía: aquello que, por ser más profundo, más lejano del mundo exterior, es el refugio seguro de lo privado, de lo individual.

Raymond coincide en que fue Mallarmé quien dio un impulso definitivo a esta corriente: "...el 'descubrimiento' de Mallarmé consiste sobre todo en haber llevado la luz de la conciencia hacia un instinto al que se abandonaban espontáneamente, antes que él, la mayoría de los grandes poetas (...) es posible hallar entre los preciosistas de otro tiempo, un Scève, un Tristan (...) ejemplos de esta poesía que se aleja celosamente de lo real sensible, de las cosas de fuera y se elabora, en recipiente hermético, como una quintaesencia". En Mallarmé toma definitivo fundamento la tendencia del poeta al encierro, que tendrá como uno de sus resultados más importantes un fuerte sesgo de ensimismamiento en el lenguaje. En su proceso de aislamiento el poeta arrastra su instrumento, la lengua, en una dirección paralela de ruptura con el mundo. De esta forma, la lengua poética experimenta una pérdida constante de referencialidad; pérdida que, lejos de ser sentida como un desgaste, aparece como una liberación: el poema se refugia en lo interior, la lengua poética en su significante. Paul de Man[15] estudia la modulación de este fenómeno en Rilke (quien, precisamente, denomina *interioridad* a esta parte sustancial de su poética): "En el nivel del lenguaje poético, esta renuncia corresponde a la pérdida de una primacía de significado localizada dentro del referente y da lugar a una nueva retórica de la 'figura'. Rilke llama también esta pérdida de referencialidad con el término ambivalente de 'interioridad' (*Innen entstehen*, *Weltinnenraum*, etc.), que no designa entonces la autopresencia de una conciencia, sino la ausencia inevitable de un referente fiable. Designa para el lenguaje de la poesía la imposibilidad de apropiarse de algo, ya sea de una conciencia, de un objeto o de una síntesis de ambos (…) esta pérdida de sustancia aparece como una liberación (…). A partir de los *Nuevos poemas*, la poesía de Rilke vivirá en la euforia de esta libertad recuperada (…) ¿Pero puede una poesía, incluso la de Rilke, esgrimir la pureza de semejante ascesis semántica? Algunos de los poemas alegóricos de Rilke, como *Orfeo. Eurídice. Hermes* o la "Décima elegía del Duino", tematizan programáticamente la renuncia en un modo narrativo, contando la historia de esta renuncia".

---

[15] "Tropo (Rilke)", en *Alegorías de la lectura* (1979), trad. de Enrique Lynch, Barcelona, Lumen, 1990.

IV

La "ascesis semántica" de la que habla Paul de Man relaciona el cultivo de la interioridad con la adhesión al hermetismo. La pérdida de referencialidad es, en el poema, un movimiento semejante al apartamiento del mundo en el ejercicio místico. Esconder la poesía dentro de la lengua, en su pliegue secreto, aparece como el ideal del poeta moderno. Es un concepto cercano a lo que George Steiner[16] denomina la "palabra faltante". Según Steiner, "la gran brecha en la historia de la literatura occidental ocurre entre los primeros años de la década de 1870 y el fin de siglo. Separa la literatura que habita la lengua como su propia casa de las letras cautivas en la cárcel del lenguaje". Con el "Sonnet en *ix*" y los "Éventails", Mallarmé, en un arco de poco más de veinte años –de 1868 a 1891–, "inaugura una nueva etapa en la literatura y en la conciencia lingüística occidentales (…). La lengua establecida –he ahí el enemigo. Para el poeta la establecida es una lengua atestada de mentiras. El uso corriente y cotidiano la ha hecho rancia". Está claro que la "Carta de Lord Chandos", escrita por Hofmannsthal en 1902, forma parte de este movimiento. En Hofmannsthal el desgaste del lenguaje ("las palabras crean confusión, las palabras no son la palabra") conduce también hacia el reino interior como último refugio: "son remolinos que (…)

---

[16] *Después de Babel* (1975), trad. de Adolfo Castañón, Madrid, FCE, 1980.

me llevan a mi propio ser y al sosiego más profundo". El descrédito del lenguaje hace superfluo e inútil el esfuerzo de escribir. Para Steiner, la máxima formulación de este síntoma aparecerá en el *Acto sin palabras* (1964) de Samuel Beckett, que "representa el desenlace lógico del conflicto entre la significación privada y el enunciado público".

V

La tendencia a apartar el poema de la palabra circulante –del "didactismo"– derivó en una guerra del poeta contra su propio instrumento, el lenguaje. La poesía del siglo XX está atravesada por una operación –a veces sutil, otras salvaje– en la cual la poesía intenta recortar o re-crear su propia lengua. Es una consecuencia del aristocratismo espiritual: la lengua de la poesía no puede ser ya la misma que la del periodista o incluso de "la literatura". La poética del reino interior, de la subjetividad, se amalgama así con un aristocratismo de estirpe nietzscheana. Nietzsche, quien vio en el periodismo "una enfermedad histórica", basó buena parte de su pensamiento en la desconfianza hacia el igualitarismo y el desprecio del "ascenso democrático de las multitudes". Antiigualitarismo y justificación estética del mundo son dos ideas que se determinan entre sí. Rechazo de la democracia y melancolía: dos actitudes que el poeta del siglo XX hereda y lleva al interior de su herramienta, el lenguaje.

Veamos algunos ejemplos de la rebelión del poeta contra la lengua. A. W. Yeats: "Yo no tengo lengua sino imágenes, analogías y símbolos". Geotfried Benn, en *Morgue*, mezcla frases hechas –como "hermosa juventud", "la felicidad del primer amor" o "fe, amor y esperanza"– con imágenes de despojos humanos, cadáveres y enfermedades, en una parodia de lo que se entiende por "lenguaje poético". Stefan George, quien se proponía dar al alemán una sensualidad y un espíritu clásico inspirado en los poetas griegos, declaró que su ideal era "expresarse en una lengua que fuera inaccesible a la multitud profana". Paul Valéry declara que "en el arte moderno, desde hace más de cincuenta años, uno encuentra, cada cinco años, una nueva solución al problema del *choc* que la obra debe ejercer sobre el lector". Apollinaire, en los *Caligramas*: "El hombre busca una lengua nueva acerca de la cual ningún gramático sería capaz de decir nada". T. S. Eliot, en "Miércoles de ceniza", habla de una "lengua sin palabras y una palabra sin lengua". Louis Aragon, en *Ojos de Elsa*: "La poesía existe gracias a una creación siempre nueva de la lengua, que hace romper las estructuras del lenguaje, las reglas gramaticales y el orden del discurso". Saint John Perse dice buscar "la sintaxis del relámpago" para "abrir nuevos caminos hacia palabras nunca percibidas"; y enuncia que "el primer requisito de todo comportamiento literario es el *lujo de lo inhabitual*".

La poesía del siglo XX dibuja una tendencia hacia la posición apocalíptica. Frente al aplanamiento y el igualitarismo de la cultura de masas, el poeta prefiere reservarse un lugar apartado, aunque suponga una escasa divulgación de su obra y un confinamiento a los circuitos gremiales. El poeta contemporáneo adopta figuras semejantes a las del científico (que es, en cierto modo, el alquimista de hoy): con una parcela limitada pero *profunda* de conocimientos, dueño de un lenguaje formalizado que sólo los iniciados manejan, encerrado en uno de los últimos espacios inasequibles a la cultura de masas. A partir de mediados del siglo XX, cuando la fuerza de las vanguardias empieza a agotarse, la poesía buscará caminos de vuelta hacia el mundo, posibilidades nuevas de integración. Pero, después de casi un siglo de haber abandonado sus instrumentos tradicionales y de cultivar la distancia respecto del ámbito de la opinión pública, la empresa no es sencilla. Las diversas formas de coloquialismo de la poesía contemporánea forman parte de ese nuevo derrotero. El registro de la lengua vulgar, de la calle, de las canchas, de las pintadas aparece, en un movimiento paradójico, como objeto dignificado por el arte. Es, al tiempo que un intento de volver al mundo, el último grado de rebelión: contra la poesía misma y sus usos, contra los guiños entre iniciados y cualquier resto de prurito de alta poesía o bellas letras. Es la búsqueda de una vía nueva ante el agotamiento de los caminos ya recorridos, incluso el de la distancia, el hermetismo y la reclusión.

Decanos del gremio

Lo que en Mallarmé será la exacerbación del hermetismo y del aislamiento (de la posición cada vez más *interior* del poeta), de su papel como oficiante de una disciplina que rechaza a los no iniciados, tiene su antecedente en las oposiciones entre mundo prosaico y arte lírico que se cifra en Baudelaire, sobre todo en su trabajo crítico. La simetría entre la creciente presencia del periodismo –que aparece como puente entre la ciudadela cultural y la opinión pública– y el repliegue de la poesía sobre sí misma –como símbolo de la cada vez más compleja "vida espiritual"–, aparece ya con evidencia en muchos de sus artículos. Es significativo uno de 1859, el primero de los dos que dedicó a Théophile Gautier. En primer plano, este motivo de indignación: siendo Gautier famoso por sus crónicas teatrales en *La Presse* y en *Le Moniteur*, el público parece ignorar que se trata, además, de un gran poeta: "Supongamos que nos *internamos* en un salón *burgués* y tomamos café, después de comer, con el *señor*, la *señora* de la casa y las *señoritas* (...) Saldrá el tema de Théophile Gautier a la palestra, pero después de coronarlo con toda la banalidad del mundo ("¡Qué ingenio! ¡Qué divertido! ¡Qué bien escribe! ¡Qué *estilo* tan *ligero*!, ¡es como si *fluyera*! ...) (...) 'Sin duda, su estilo es muy poético', dirá el más sutil de la banda, ignorando que estáis hablando de rimas y ritmos. Todo el mundo ha leído su artículo de los lunes, pero, después de tantos años, todavía no ha tenido nadie tiempo ni dinero, según parece, para leer *Albertus*, *La comedia de la Muerte* ni *Espagna*. Es duro para un francés…".[17]

El sarcasmo de Baudelaire sobre las exclamaciones del salón burgués, donde "el más sutil" llama poético a lo cursi, es un acta fundacional de un tipo de resentimiento de artista, cuya sublimidad es del todo ajena al gusto del público (a "sus pasiones actuales"), formado no ya en la alta tradición literaria de Francia sino en las páginas de los diarios. Se denuncia la dolorosa paradoja de que el poeta trascienda en el nuevo público mucho más por sus crónicas periodísticas, apenas un *modus vivendi*, que por sus "rimas y ritmos". La poesía es corrompida ("mancillada") cuando se acerca al acontecimiento actual; su única posibilidad de pureza consiste en apartarse del juego: ese nuevo lugar no se halla hacia los márgenes sino hacia arriba, en la elevación. Así, Baudelaire es el primero en sostener un juicio que hoy es casi mayoritario: la obra más perdurable de Hugo es la de su última etapa, la menos popular: "…el público sólo se ha detenido en las obras de los poetas que estaban *ilustradas* (o mancilladas) por una especie de viñeta política, condimento a la altura de sus pasiones actuales. Se ha aprendi-

---

[17] Cito por: Charles Baudelaire, *Crítica literaria*, traducción de Lydia Vázquez, Madrid, Visor, 1999. Las cursivas son del original.

do de memoria la *Oda a la Columna* y la *Oda al Arco del Triunfo* pero desconoce las partes misteriosas y sombrías, las más encantadoras de Victor Hugo". Son líneas de poderoso significado: en ellas se señala un movimiento definitivo de la poesía moderna, en la que el vate nacional se mueve, como un mago viejo caído en desgracia, hacia la *sombría* poesía lírica.

En su visión de la trayectoria de Victor Hugo, Baudelaire opera la escisión definitiva de lo que podríamos denominar la "pulsión épica": precisamente aquello que el público puede aprender de memoria es lo que el poeta *no* debe practicar. Hugo, un precursor en la mirada al mismo tiempo de fascinación y de terror sobre la masa urbana –"Et, dans ces régions que nul regarde ne sonde,/ Plus l'homme était nombreux, plus l'ombre était profonde", en "Pente de la rêverie", poema de *Les Orientales* (1831)–, encuentra su refugio en otra forma de apartamiento, el espiritismo. Fue el primero en crear su propia compañía mística, que significó al mismo tiempo una pequeña revolución en la forma de leer a los clásicos: en su genealogía de "príncipes del espíritu", Moisés y Shakespeare marchan juntos. Pero Hugo fue todavía un ciudadano y sus discursos parlamentarios se transcribían en los periódicos: "En el mismo momento en que Victor Hugo celebra la masa como héroe del *epos* moderno –escribe Walter Benjamin–, Baudelaire escruta para el héroe un lugar de huida en la masa de la gran ciudad. Hugo, como *citoyen*, se pone en el lugar de la multitud; Baudelaire se separa de ella en cuanto héroe".[18] Héroe cuya gesta se desarrolla enteramente en el campo de la estética.

De una manera todavía muy germinal se ve el movimiento que el simbolismo hará del todo evidente: aquello que *gusta* al público es precisamente lo que el poeta ha de evitar; para que un poema tenga entidad verdadera debe ubicarse por encima de la tendencia colectiva. No sólo se trata de la expansión extraordinaria del público lector; sino que el aristócrata de cuna, cada vez menos numeroso y en todo caso ahora obligado a trabajar, tiene menos horas libres para dedicar al cultivo de su espíritu. Con el tiempo, solamente el poeta maldito, sin arte ni parte en la sociedad de masas, a la vez lumpen y último superviviente del linaje más alto, tendrá ocio y disponibilidad mental para paladear una imagen lograda, un verso bien cortado. Así, hace casi siglo y medio Baudelaire ya atribuía la decadencia del gusto a la agitación característica de la vida moderna: "Desde entonces [la época de Lamartine y Victor Hugo] ese público ha ido disminuyendo paulatinamente el tiempo consagrado a los placeres del espíritu (…) El condimento añadido por Théophile Gautier a sus obras (…) no produce ningún efecto en el paladar de las masas (…) La aristocracia nos aísla". No la aristocracia de sangre, claro, sino la del espíritu. Aquí ya el poeta está solo ante una comunidad

---

[18] Walter Benjamin, *Poesía y capitalismo*, traducción de Jesús Aguirre, Madrid, Taurus, 1999, p. 83.

de lectores cuyo nivel se va igualando a la baja; el gusto refinado tiende a desaparecer. Con Baudelaire, el público se aleja del poeta; con Mallarmé, el poeta encuentra sosiego en esa distancia y se asegura de defenderla: una vez más, no huye la presa del cazador sino al revés. Para Baudelaire esa distancia es un fracaso de la sociedad moderna; para Mallarmé, un triunfo del poeta.

En la crónica de Baudelaire sobre Gautier vemos aparecer las dos figuras fundamentales con las que, en sus variaciones diversas, se va a identificar al poeta en esta nueva situación de "aislamiento": la del aristócrata (del espíritu) y la del místico (de la estética). En el segundo apartado de este escrito Baudelaire rememora su primer encuentro con Gautier; en realidad éste, nacido en 1811, era sólo diez años mayor que aquél, pero el cuadro se describe como el tributo del joven poeta a una figura paternal y venerable: "Había ido a su casa a regalarle un librito de versos de parte de dos amigos ausentes". Gautier es ya el poeta voluntariamente encerrado, refugiado en su casa, "que tiene más derecho que nadie a estar harto y a demostrarlo". Sin embargo, la poesía obra entre ellos su efecto fraternal: al observar que el joven poeta lleva un "librito de versos", el maestro relaja la distancia, sabiéndose a salvo dentro del círculo de exclusión poética: "Cuando me vio con un libro de poesía en la mano, su noble rostro se iluminó con una agradable sonrisa". El conocimiento profundo de la lengua, que, por el contrario, el periodismo restringe y vulgariza, es la última clave para que el poeta consagrado deponga su escudo de "desconfianza": "Me preguntó a continuación, con una mirada curiosa a la par que desconfiada, y como para ponerme a prueba, si me gustaba leer los diccionarios (...) Por suerte, desde pequeño tuve ataques de lexicomanía, y vi que con mi contestación había ganado su estima".

La inclinación ascética, propia del místico, no falta en el perfil que Baudelaire traza del poeta: "Charlamos luego sobre higiene, sobre los cuidados que debe todo hombre de letras a su cuerpo, de la obligada sobriedad (...) la manera de abordar el tema me hizo pensar en lo que dicen los libros piadosos sobre la necesidad de respetar nuestro cuerpo como templo de Dios". Encierro, ascetismo: una forma de devoción a una nueva iglesia, la del poema como último refugio de la vida del espíritu. Misticismo de un culto sin feligreses, en el que el "librito de versos" será la contraseña para que los iniciados se reconozcan entre la masa.

Orfeo en el quiosco de diarios

En las primeras dos décadas del siglo XX, hasta principios de la Primera Guerra Mundial, se fijan algunas de las pautas que perduran hasta nuestros días. La escena se puede focalizar en las primeras estrofas de "Zona", que Apollinaire escribió en 1912 e incluyó en *Alcoholes*, de 1914:

Definitivamente estás cansado de este mundo antiguo

Pastora oh torre Eiffel el rebaño de los puentes bala esta
/mañana
Estás harto de vivir en la antigüedad grecorromana
Aquí hasta los automóviles parecen antiguos
Sólo la religión sigue siendo completamente actual sólo la
/religión
Sigue siendo sencilla como los hangares de Port-Aviation
Sólo tú no eres antiguo en Europa oh Cristianismo
El europeo más moderno de todos es usted Papa Pío X
Y tú a quien las ventanas observan la vergüenza te impide
Entrar en una iglesia y confesarte esta mañana
Lees los prospectos los catálogos los carteles que cantan a
/pleno pulmón
En ellos se encuentra la poesía esta mañana para la prosa
/están los diarios.

Los folletines a 25 céntimos repletos de aventuras policiales

Retratos de grandes hombres y mil títulos diversos[19]

El tono ingenuo y ligero impostado por Apollinaire hace que, en su poesía, se corra el riesgo de pasar por alto lo verdaderamente significativo. Por ejemplo, los penúltimos versos de la cita: si la poesía está en los catálogos y los afiches, y la prosa en los diarios, ¿qué lugar, qué tarea, qué función le queda al poeta? Antes que dejarla en manos de periodistas y folletinistas, Mallarmé y, a su manera, Rimbaud, pre-

---

[19] "Zone"

À la fin tu es las de ce monde ancien

Bergère ô tour Eiffel le troupeau des ponts bâle ce matin

Tu en as assez de vivre dans l'antiquité grecque et romaine

Ici même les automobiles ont l'air d'être anciennes
La religion seule est restée toute neuve la religion
Est restée simple comme les hangars de Port-Aviation

Seul en Europe tu n'es pas antique ô Christianisme
L'Européen le plus moderne c'est vous Pape Pie X
Et toi que les fenêtres observent la honte te retient
D'entrer dans une église et de t'y confesser ce matin
Tu lis les prospectus les catalogues les affiches qui chantent tout haut
Voilà la poésie ce matin et pour la prose il y a les journaux
Il y a les livraisons à 25 centimes pleines d'aventures policières
Portraits des grands hommes et mille titres divers

fieren recluir a la poesía, hurtarla al tráfico del día, quizás con la esperanza de que renaciera convertida en otra cosa. En efecto, Mallarmé responde en una encuesta: "...fuera de los preceptos consagrados, ¿es posible escribir poesía? Se ha pensado que sí, y con razón. El verso se encuentra en todo el lenguaje donde hay ritmo, en todas partes excepto en los afiches y en la cuarta página de los diarios".[20] Con esta declaración, y con sus obras últimas, Mallarmé avala el versolibrismo, pues garantiza que donde haya ritmo habrá verso aunque no se respeten los cánones clásicos. Apollinaire va más allá: desvincula la poesía del verso —a pesar de que él mismo será el mejor versificador francés del siglo XX— y la abisma hacia otra cosa, hacia algo que ya tiene que ver con la imagen, con el estímulo múltiple, con la apertura del círculo poético a los afiches y los diarios.

Apollinaire es el primero en advertir que la poesía, tal como se la entendía hasta entonces —incluida la imponente y todavía resonante renovación mallarmeana—, está muerta —Breton llamó a Apollinaire "le dernière poète". Arthur C. Danto[21] sostiene que, en el camino hacia la "muerte del arte", un hecho esencial es la forma en que "en el arte moderno el arte es el principal objeto de reflexión". ¿Y cuál es

---

[20] Encuesta de Jules Huret sobre la evolución literaria, 1891. Cito, con alguna modificación, según la siguiente traducción: Stéphane Mallarmé en castellano, edición a cargo de Ricardo Silva-Santisteban; Lima, Pontificia Universidad Católica de Perú, 1998. Vol. III: *Divagaciones, prosa diversa/correspondencia*, p. 411.
[21] *Después del fin del arte* (1997), trad. de Elena Neerman, Barcelona, Paidós, 1999.

el objeto principal de la poesía de Mallarmé sino la poesía misma? Rimbaud, por su parte, escribe al principio de la *Temporada en el infierno*: "Una noche senté a la Belleza en mis rodillas. Y la encontré amarga. Y la injurié".

Apollinaire constata el nuevo estado de cosas: la "alquimia verbal" no saca ningún oro; nunca se superó la "crisis del verso". La metamorfosis de la poesía fue a dar en al ardid publicitario, el *jingle*, el eslogan de cartel. El cociente de esa transformación fue la muerte de la poesía lírica tal como se la conocía hasta entonces (y tal como, en buena medida, se la siguió conociendo incluso después; de allí que gran parte de la poesía del siglo XX y de la que hoy se sigue escribiendo esté muerta desde su nacimiento). Apollinaire intuye, en 1914, la *función* que ocupará la invención poética en la era de las revistas, la radio y, finalmente, la televisión: la elaboración de rimas o la apelación a las frases hechas para acomodarlas al producto promocionado. Y, también, el estribillo de la canción popular, devenida bien de consumo, lo que sería –y sigue siendo– la música pop –primero en inglés, más tarde en todas las lenguas del mundo. El acerbo tradicional de la canción popular es, precisamente, la forma que late, parodiada, bajo el ritmo de muchos de los poemas de *Alcoholes*. Buena parte de lo que, treinta años más tarde, causará la alarma de Adorno y Horkheimer en su certero ensayo "La industria cultural",[22] está presentido

---

[22] Max Horkheimer y Theodor W. Adorno, *Dialéctica de la ilustración*, trad. de

en esos versos de "Zona". Con una evidente diferencia de tono, reflejo de la historia: lo que en Apollinare es aún festivo en Adorno será ya apocalíptico; lo que en uno es promesa en otro es catástrofe.

La prosa es de los periódicos, la poesía de catálogos y carteles. En su clásico ensayo "Lingüística y poética" (1960), Roman Jakobson utiliza, para ejemplificar la "función poética del lenguaje", el eslogan "I like Ike", de la campaña de Dwight D. Eisenhower para las elecciones presidenciales de Estados Unidos en 1952. Jakobson muestra la manera en que la disposición simétrica de los diptongos, la aliteración y las rimas internas de estas tres breves palabras se construye de acuerdo con procedimientos de la tradición poética, e incluso remite a un estudio (Dell Hymes: "Phonological Aspects of Style: Some English Sonnets"[23]) en el que se muestra "el predominio del núcleo /ay/ en ciertos sonetos de Keats". Es verdad que Jakobson se propone mostrar cómo la función poética del lenguaje puede extenderse más allá del ámbito estricto de la poesía; pero no es menos significativo el hecho de que elija para ello un eslogan publicitario, y en particular el de una campaña electoral. En la democracia norteamericana como forma suprema de la sociedad capitalista, la invención poética, la alta tradición de la poesía anglosajona, va a dar en la astucia con que un

---

Juan José Sánchez, Madrid, Trotta, 2005 (séptima edición).
[23] En Thomas Sebeok (ed.): *Style in language*, Cambridge, Mass, MITT Press, 1960, pp. 109-131.

creativo publicitario condensó una serie de procedimientos en una fórmula mnemotécnica de tres monosílabos. Los recursos destilados por la tradición fueron eficaces: Eisenhower ganó las elecciones.

Ubicado como primera pieza de *Alcools*, "Zone" adquiere carácter programático. Apollinaire suprime los signos de puntuación y evita los encabalgamientos, lo que hace de cada verso una sentencia completa y del conjunto una rápida sucesión de imágenes, que parece seguir el ritmo caótico de la ciudad moderna. El poema se halla "interiormente atormentado por un principio de desorden".[24] En este aspecto, Apollinaire es un flâneur al estilo de Baudelaire, aunque el caos y la masificación de París han crecido vertiginosamente. H. R. Jauss[25] escribe: "En las *Fleurs du mal* domina el *spleen*..., una experiencia siempre amenazada por la angustia; en cambio, el tono general de los *Tableaux parisiens* de Apollinaire de 1912 lo marca la admiración ingenua por las realizaciones de la civilización técnica... y una confianza crédula en un futuro aún mejor".

Poner a la torre Eiffel como pastora de puentes es parodiar la poesía bucólica clásica, en una posición en que el único paisaje representable es el urbano, y el único rebaño posible el de las obras de ingeniería. La opción romántica de buscar refugio en la naturaleza ya no es posible: el

---

[24] Marcel Raymond, *De Baudelaire al surrealismo, op. cit.*
[25] *Las transformaciones de lo moderno* (estudios sobre las etapas de la modernidad estética, 1989), trad. de Ricardo Sánchez Ortiz de Urbina, Madrid, La Balsa de la Medusa, 2004 (segunda edición).

poema debe hacerse desde el caos y lo artificial. Está aquí el germen del ideal estético de la vanguardia, del nuevo canon de belleza: la máquina, lo artificioso, la torre Eiffel representan ahora una aspiración de sublimidad. Sin embargo, hay un arrebato de temor en ese "hasta los automóviles parecen antiguos", como si todo fuera tan rápido que incluso lo más reciente puede ya pertenecer al pasado. (La Torre Eiffel fue el símbolo de la fascinación y el temor, de la disrupción y la reconstrucción de un vínculo con la grandeza clásica, como aparece también en un poema contemporáneo de Blaise Cendrars, "Tour": "O tour Eiffel!/ Je ne t'ai pas chaussée d'or/… / Je ne t'ai pas revêtue du peplum de la Grèce/ Je ne t'ai pas nommée Tige de David ni Bois de la Croix…". Y Vicente Huidobro, en *Tour Eiffel*, dedicado a Robert Delaunay: "Tour Eiffel/ Guitarre du ciel".)

Pero Apollinaire no se lamenta de que la poesía se encuentre en "los prospectos los catálogos los carteles que cantan a pleno pulmón". Es una afirmación que se hace "esta mañana", como si todo estuviera sujeto a una posibilidad de cambio permanente (como, por otra parte, sucede en las noticias del diario). ¿Cuál es, entonces, el trabajo que le queda al poeta? Quizá la captación del lirismo ambiente, del juego de correspondencias (aunque ya no necesarias, sino contingentes y azarosas), como si el paisaje urbano pusiera a dialogar todas sus voces *a través* del poeta. La superposición de todas las perspectivas, que acerca a Apollinaire al cubismo –amigo de Picasso, por esos mismos años escribe

Los pintores cubistas (1913), considerado uno de los manifiestos del grupo–, aparece en "Zona" como una muestra de lo fragmentario, de lo que se superpone pero no se une, de lo que fluye junto sin organizarse en un sistema: en ningún sistema, ni siquiera en el de un "yo", en el de una subjetividad como dadora de sentido. La caída del "yo" unívoco determina la muerte del lirismo clásico, la nueva dificultad en la construcción de una voz, en la puesta en escena de una máscara que exprese las emociones de un alma.

No es causalidad que, en ese panorama, aparezca la cuestión del dinero ("los folletines a 25 céntimos…"), verdadero motor de toda la circulación. "Durante la fase mercantil… se desarrolla también vigorosamente el segundo elemento constitutivo del marco del tráfico tempranamente capitalista: la prensa", escribe Habermas. Existe una relación insoluble entre el auge de la economía capitalista y el de la prensa periódica. En "Zona" se nos dice que la literatura no permanece ajena a ese movimiento, que forma parte de él. El poeta puritano, como lo concibieron los simbolistas, se ha quedado sin lugar en la ciudad moderna, donde las torres de hierro son pastoras de puentes. Mallarmé era el poeta del reino interior; el que, encerrado en su gabinete busca el hermetismo para encontrar el último refugio del poema; Apollinaire es el último flâneur, el que disuelve en la calle el "misterio", la "alquimia" del laboratorio poético. Mallarmé indicó la senda del poeta *apocalíptico*; Apollinaire, con su entusiasmo por lo artificial, la máquina, el aire de canción popular, está del lado de los *integrados*.

Tras la muerte de la poesía, el poema tiene una posibilidad de subsistencia: convertirse en una *cosa en sí misma*. El propio Mallarmé había dejado apuntada esta vía en *Un coup de dés* (1897), un poema en el que la palabra y la escritura misma se vuelven materia artística, en el que buena parte del significado está en las relaciones tipográficas internas. Lo propio del poema-cosa es la opacidad, puesto que no representa nada sino su misma existencia como objeto estético hecho de palabras.

El acontecimiento queda en manos del periodismo; su exaltación o promoción, de los carteles. El poema puede registrar transversal y sesgadamente un estado azaroso del caos urbano, una situación, una relación: "experimentar el acaso, la asociación libre que ningún razonamiento puede hacer surgir, el hallazgo", dice Marcel Raymond. Estamos ya cerca de Duchamp (el primer *ready-made*, la rueda de bicicleta, es de 1913), del encuentro casual: lejos de abolirse, el azar aparece en el centro del hecho estético. El azar: aquello de lo que el diario de hoy no puede dar cuenta; el envés perdurable del acontecimiento, o la cristalización de su futilidad definitiva.

No la expresión de una subjetividad sino el prisma en que el sujeto se descompone o el acaso en que se diluye. En 1913, Apollinaire apunta esta senda en uno de sus poemas más conocidos, "Lundi rue Christine", del que reproducimos los primeros 25 de sus 48 versos:

La portera y su madre dejarán pasar todo
Si eres un hombre me acompañarás esta tarde
y bastaría que alguien sostuviese la puerta cochera
Mientras el otro sube

Tres luces de gas encendidas

La patrona está enferma del pecho
Cuando acabes jugaremos
Un director de orquesta tiene mal la garganta
Cuando vengas a Túnez haré que fumes kif

Parece que esto rima

Pilas de platos flores un calendario
Pim Pam Pim
Debo ficha casi 300 francos a mis fauces
Preferiría cortarlo antes que dárselos

Partiré a las 20 h. 27
Seis espejos miran siempre
Creo que vamos a enredarnos más
Querido señor
Es usted un tío de miga de pan
Esta señora tiene la nariz como una solitaria
Luisa ha olvidado su abrigo de piel
Yo no tengo abrigo y no tengo frío
El Danés fuma su cigarrillo consultando el horario
El gato negro atraviesa la cervecería

Estas tortas estaban exquisitas[26]

---

[26] "Lundi rue Christine"

La mère de la concierge et la concierge laisseront tout passer
Si tu es un homme tu m'accompagneras ce soir
Il suffirait qu'un type maintînt la porte cochère
Pendant que l'autre monterait

Trois becs de gaz allmnés
La patronne est poitrinaire
Quand tu auras fini nous jouerons une partie de jacquet
Un chef d'orchestre qui a mal à la gorge
Quand tu viendras à Tunis je te ferai fumer du kief

Ça a l'air de rimer

Des piles de soucoupes des fleurs un calendrier
Pim pam pim
Je dois fiche près de 300 francs à ma probloque
Je préférerais me couper le parfaitement que de les lui donner

Je partirai à 20 h. 27
Six glaces s'y dévisagent toujours
Je crois que nous allons nous embrouiller encore davantage

Cher monsieur
Vous êtes un mec à la mie de pain
Cette dame a le nez comme un ver solitaire
Louise a oublié sa fourrure
Moi je n'ai pas de fourrure et je n'ai pas froid
Le Danois fume sa cigarette en consultant l'horaire
Le chat noir traverse la brasserie

Ces crêpes étaient exquises

"¿Se trata acaso de jirones de una conversación? –se pregunta Hugo Friedrich.[27] En este caso, el azar que preside la reunión de estos jirones incoherentes de conversación es una de las modalidades de esa poesía que, mediante este procedimiento, ya no copia la realidad *sino que se toma a sí misma por objeto.*" Al cubismo de "Zona" se añade aquí la idea de simultaneidad. El poema es más oscuro: no hay tránsito ni *flânerie* sino contingencia y azar: "El sujeto lírico renuncia a la perspectiva pasajera y resulta absolutamente indeterminado", escribe H. R. Jauss; se trata de "la simultaneidad y ubicuidad de la vida moderna afirmada empíricamente en un movimiento inacabable".

En "Lundi rue Christine" el poeta se pone en la posición de un editor de voces escuchadas al azar: se sabe que, por la misma época, Apollinaire publicó dos estenogramas de conversaciones captadas por casualidad, sin agregar comentarios y con indicaciones de lugar y hora. Esta especie de *ready-made* poético actúa, nuevamente, como una subversión del periodismo: usa sus mismas herramientas, pero volcándolas en crudo, mostrando su carácter contingente. Y no se trata tanto de una estilización de la contingencia como de la apertura de su esencia al azar de lo que acontece. Por eso Jauss dice que, para Apollinaire, se trata del "lirismo ambiente de una protopoesía órfica", en la que se apunta a "la solución del sentido moderno de lo sublime".

---

[27] *La estructura de la poesía moderna* (1956).

El título del poema, "Lundi rue Christine", menciona el lugar y el día. La hora se da a entender en el v. 5 ("tres luces de gas encendidas"), que evoca el atardecer; y acaso en el v. 12 ("Pim Pam Pim"), que señalaría el toque de campanas. Sólo en el verso 24 se dice que estamos en una "cervecería" (una *brasserie* en el original) y aparecen diseminados detalles sobre el ambiente y el mobiliario. Los fragmentos de diálogos entre clientes y mozos se alternan con nombres de lugares lejanos, como Túnez, Esmirna, China. Hay unidad de lugar y de tiempo, pero la acción se dispersa en mil gestos insignificantes o difíciles de descifrar.

¿En qué consiste lo órfico de una poesía pendiente de la contingencia efímera, del acontecer casual? En la apuesta a una determinada forma de mirar y de disponer los materiales. De "Zona" a "Lundi rue Christine" Apollinaire vacía el interior subjetivo, lo vuelca todo a lo que sucede afuera, en la calle, en un café. No opone a la actualidad periodística un reino espiritual superior, sino que le disputa su lugar con herramientas semejantes. No busca el símbolo para esconder en él la esencia evanescente del poema; si hay opacidad, es por sobreexposición, por exceso de iluminación. Materiales poco categorizados, poco prestigiosos. Y, sin embargo, el poeta está en una posición fuerte, pues el poema sucede *a través* de él, que es quien aporta "el sentido moderno de lo sublime", como señalaba Jauss.

Los materiales de derribo con los que trabajó la poesía del siglo XX fueron de muy diverso tipo. Pero la fórmula de esa *otra cosa* en que el poema se ha convertido tras la muerte de la poesía todavía no ha encontrado su definición precisa. A casi cien años de "Zona", "el sentido moderno de lo sublime" sigue buscando su forma y sus transformaciones.

Apollinaire, poesía sobre el plano

Hoy no nos sorprendemos al leer un poema sin signos de puntuación, un experimento que, repetido, se ha vuelto recurso clásico, casi invisible. Pero, ¿cómo empezó todo? ¿Cómo fue que un poeta decidió limitar sus ya escasas herramientas privándose de un instrumento gramatical? Esa escena de iniciación de la poesía del siglo XX tuvo lugar en la redacción de la revista *Mercure*, en abril de 1913. Apollinaire, que acaba de publicar *Alcools, poèmes 1898-1913*, con un retrato hecho por Picasso como portadilla, se somete al juicio de sus compañeros de staff, estupefactos por la ausencia de signos de puntuación en sus poemas. En una carta que escribe por entonces a Henri Marineau dice, como justificándose ante las críticas: "En cuanto a la puntuación, la he suprimido porque me ha parecido inútil y, en efecto, lo es; el propio ritmo y la división de los versos es la auténtica puntuación y no se necesita otra (…) En general compongo caminando y cantando dos o tres tonadas que se me ocurren de forma espontánea (…) La puntuación corriente no sería aplicable a semejantes canciones".

Durante el mes anterior, marzo de 1913, había aparecido la primera edición de *Méditations esthétiques: les peintres cubistes*, donde Apollinaire recogía los textos publicados desde 1905 acerca de los artistas de la vanguardia francesa:

Picasso, Braque, Metzinger, Leizer, Marie Laurencin, Juan Gris, Léger, Picabia, Marcel Duchamp y Duchamp-Villon. La coincidencia de estas dos publicaciones sólo es casual hasta cierto punto: en Apollinaire la crítica del arte nuevo está implicada en la concepción de una forma nueva para la poesía. Sin embargo, a diferencia de Baudelaire, que veía en el arte y en las preferencias del público de los Salones un reflejo del gusto decadente de su tiempo —puesto que para Baudelaire lo moderno suele ser sinónimo de idolatría, necedad y carácter obsceno—, Apollinaire es más que un crítico, es algo así como un *empresario*:[28] el empresario de la vanguardia. Es fácil verlo en la intensidad de su trabajo como animador de las nuevas escuelas de pintura desde las revistas que impulsó —*Festin d'Ésope*, apadrinada por Alfred Jarry; *La Revue Inmoraliste*, *Les Lettres Modernes*, *Mercure de France*, *Les Soirées*— o los diarios en los que colaboraba.

Apollinaire es el adalid del entusiasmo, es un optimista inagotable, muy lejos de la melancolía y la reclusión de los simbolistas. Lo que se encierra y se cierra con el *Golpe de dados* de Mallarmé, Apollinaire lo vuelve a abrir —no debe ser tomada como una casualidad la data que pone como subtítulo de *Alcools:* 1898-1913: la poesía de Apollinaire se da a sí misma como fecha de nacimiento el año de la muerte de Mallarmé—, con la energía de quien cree que el

---

[28] Así lo considera Roger Shattuck en *La época de los banquetes. Orígenes de la vanguardia en Francia: de 1885 a la Primera Guerra Mundial* (1968), Madrid, Visor, 1991, p. 216.

mundo contemporáneo no es más horrible que el de ayer, sino que necesita nuevas disposiciones de percepción. Jean Denoël lo describe como un "joven magnífico, de pecho ancho y extremidades musculosas (...) un erudito de la vida actual". En 1908 el galerista de los nuevos pintores, Daniel-Henry Kahnweiller, publica un libro de Apollinaire titulado *L'enchanteur pourrissant* (*El hechicero putrescente*), ilustrado con xilografías de André Derain. El volumen se cierra con un texto titulado "Onirocritique", poema que alterna prosa y verso, y donde es visible la influencia de Lautréamont: "Las brasas del cielo estaban tan cerca que temía su fuego. Estaban a punto de quemarme. Pero yo era consciente de las eternidades diferentes del hombre y de la mujer".[29] Pero poco más tarde, en mayo de 1909, publica en *Mercure de France* una composición bien distinta, "La chanson du mal-aimé", con la que ganará su primer reconocimiento como poeta. Apollinaire utilizó entonces ese prestigio flamante para proponer a la misma revista una crónica periódica bajo el título de *La vie anecdotique*, que dedicó sobre todo a hablar de los nuevos pintores.

Su actividad como redactor, editor, periodista y promotor de revistas lo muestra en la figura plena del primer vanguardista. No es el poeta maldito a lo Verlaine, que desprecia el mundo de las redacciones, o el sublime al estilo de Mallarmé,

---

[29] Cito por la siguiente edición castellana: G. Apollinaire, *Obras esenciales*, I, traducción, prólogo y cronología de Rubén Silva Pretel, Lima, Pontificia Universidad Católica del Perú, 2006, p. 173.

que excluye tajantemente del círculo de la poesía el mundo de la opinión pública. Apollinaire aprovecha su experiencia periodística para crear y sostener sus propias publicaciones, que serán la plataforma de sus escritos sobre el arte nuevo, en particular sobre el cubismo. Es ya el poeta y el crítico *free lance*, que se fracciona en diversas máscaras para vivir de las columnas en publicaciones de todo tipo.[30] Por ejemplo, uno de sus trabajos, hacia 1907, fue el de editar una colección de novelas pornográficas, para la que incluso escribió dos títulos, *Les Onze Mille Verges* y *Mémoires d'un jeune don Juan*. La serie, que se publicó bajo el título de *Les maîtres de l'amour*, incluyó al Marqués de Sade, recuperado del olvido en el que había atravesado el siglo XIX. Era la misma época en que, en las revistas de arte, defendía a Matisse y a los *fauves*, y los primeros experimentos de Picasso y Braque. Fue también el primero que se tomó en serio al "aduanero" Rousseau, a quien dedicó un largo artículo en las páginas del *Mercure* y a quien se debe un famoso retrato del poeta.

Apollinaire intervino activamente en la formación del grupo cubista; él mismo da nombre al movimiento. La historia es conocida: en 1908, un crítico contrario a las nuevas tendencias, para mofarse de los cuadros de Braque expuestos en el Salon des Indépendants alude a una superposición de "cubitos". Inmediatamente Apollinaire revierte el ataque

---

[30] Incluso se creó cierta fama de experto en el mundo financiero, ya que uno de sus trabajos consistía en hacer notas sobre la Bolsa para una revista especializada.

en emblema y cambia la denominación de "les peintres nouveaux" por el de "cubistes". La defensa que hace de Braque —"más puro que los otros hombres, no se preocupa de lo que, por ser ajeno a su arte, le haría perder el paraíso en el que vive"[31]— revela dos de las ideas centrales de su pensamiento artístico: en primer lugar, un cuestionamiento de la concepción mimética del arte, a favor del cuadro y del poema como espacios autónomos, como entidades que evolucionan según sus propios movimientos.[32] Y la impostura de una candidez cuasi infantil, una idea del arte como representación de un espíritu nuevo, no contaminado por las codificaciones convencionales. En esto, Apollinaire es el último heredero de una línea romántica que parte de Schiller, y que ve en la *ingenuidad* el único camino para salvar al arte de su parálisis académica y de los sucesivos debilitamientos

---

[31] En 1918, dos meses antes de su muerte, Apollinaire escribe a Roger Allard: "Braque, con quien he hablado de todo esto, me decía: 'usted había definido ya ampliamente nuestros esfuerzos cubistas en el prefacio del catálogo de la exposición de Arte Moderno en Le Havre, en julio de 1908, al precisar: las tres virtudes plásticas, la pureza, la unidad y la verdad mantienen a sus pies a la naturaleza aniquilada. Desde entonces, nadie ha entendido mejor que usted la esencia de nuestro cubismo'". Citado por J. Ignacio Velázquez en su prólogo a *Caligramas* de Apollinaire, Madrid, Cátedra, 1987, p. 35.

[32] Robert Delaunay dice en una carta de 1924, en referencia a la crítica de arte de Apollinaire: "En realidad, era el nacimiento de un arte que ya no tiene nada que ver con la interpretación ni con la descripción de las formas de la naturaleza (...) Es un arte visual en el que las formas, los ritmos, los desarrollos parten de la pintura misma, como la música no tiene sonoridades de la naturaleza sino de las relaciones musicales. La pintura deriva de la pintura".

epigonales.[33] Según Schiller, a través del poeta ingenuo la naturaleza vence al arte (donde "arte" significa todo aquello que, codificado y reglado a través del tiempo, ha hecho perder contacto con el venero genuino de la creación artística). De modo al mismo tiempo lógico y paradójico, sólo a través de la ruptura con la mímesis la "naturaleza" puede volver a la poesía y el arte.

Apollinaire conoció a Picasso en 1903, a través de un amigo común, Jean Mollet (que más tarde sería secretario del poeta), en un café frente a la Gare Saint-Lazare;[34] poco después entró en contacto con Maurice de Vlaminck y André Derain. También conoció por entonces a Max Jacob, poeta en prosa y pintor, uno de los animadores del grupo; y al poeta André Salmon, firme aliado de Apollinaire en los años siguientes. La amistad entre Picasso y Apollinaire fue muy estrecha, hasta la muerte del poeta, en noviembre de 1918. Uno de los retratos más radicalmente cubistas de Picasso es el de Apollinaire, de 1913.[35] Apollinaire vio en la "época azul" de Picasso y en los primeros cuadros

---

[33] Friedrich Schiller, *Sobre poesía ingenua y poesía sentimental* (1795), trad. de Juan Probst y Raimundo Lida, Buenos Aires, Imprenta de la Universidad, 1941.

[34] Las distintas versiones acerca de cómo, cuándo y dónde aconteció este primer encuentro y de la forma en que se consolidó la amistad entre el poeta y el artista están detalladas en Peter Read, *Picasso et Apollinaire*, París, Jean Michel Place, 1995, pp. 17-25.

[35] Roland Penrose, amigo y biógrafo de Picasso, cuenta que, de los muchos amigos que faltaban en París en los años de la Primera Guerra Mundial, la ausencia de Apollinaire "era una seria desventura para Picasso".

cubistas el inestable equilibrio y la tensión entre tradición y vanguardia, o entre clasicismo y ruptura, que él buscaba para la poesía.[36] Ve en Picasso y Braque una pintura pura, "donde no hay tema propiamente dicho" y donde "la verosimilitud no tiene la menor importancia". Se trata de "un arte enteramente nuevo, que será a la pintura, tal y como se había concebido hasta aquí, lo que la música es a la literatura". Y agrega: "es un arte plástico enteramente nuevo. Sólo está en sus comienzos y todavía no es tan abstracto como quisiera".[37] En "La jolie rousse" ("La linda

---

[36] En el muy interesante prólogo a la primera edición castellana de *El poeta asesinado* de Apollinaire (trad. de Rafael Cansinos-Ássens, Madrid, Biblioteca Nueva, 1924; Barcelona, Sirmio, 1996), Ramón Gómez de la Serna se refiere a las reuniones del grupo de Apollinaire y de Salmon en los años 1903 y 1904 "como misa funeral del simbolismo expirante, pues todos estaban impacientes por dedicarse a un arte más libre, capaz de prolongaciones ilimitadas". Aunque la idea de que la primera poesía de Apollinaire puede leerse como una reacción contra el simbolismo parece acertada, no así lo de las "prolongaciones ilimitadas". Ésa es precisamente la frontera entre Apollinaire y el surrealismo: en el primero, persiste una conciencia formal en cierto modo clásica, que desaparece del todo en Breton y sus discípulos.

[37] En este aspecto, Apollinaire muestra una línea de continuidad con Baudelaire, quien había seguido de cerca el arte de los Salones anuales de París, como crítico y como poeta, buscando en las nuevas tendencias de la pintura una guía o un faro para la poesía moderna. Baudelaire veía ya el arte moderno como un proceso de emancipación del tema y, por tanto, como una liberación de la forma, que ya no está obligada a imitar a la naturaleza. En el Salón de 1859 Baudelaire muestra su desprecio por el realismo, entonces en auge, y lamenta que "Aquí el gusto exclusivo de lo Verdadero... oprime y sofoca el gusto de lo Bello" ("El público moderno y la fotografía", en Charles Baudelaire, *Salones y otros escritos sobre arte*; introducción, notas y biografías

pelirroja"), el poema que cierra los *Caligramas* (1918), escribirá:

> Yo sé sobre lo antiguo y lo nuevo cuanto un único [hombre]
> podría de ambos saber
> Y sin que esta guerra me inquiete hoy
> Entre nosotros y para nosotros amigos míos
> Yo juzgo esta antigua querella entre la tradición y la invención
> Entre el Orden y la Aventura
> Ustedes cuya boca está hecha a imagen de la de Dios
> Boca que es propiamente orden
> Sed indulgentes al compararnos
> Con quienes fueron la perfección del orden
> Nosotros que por doquier la aventura buscamos[38]

Apollinaire retoma la idea baudeleiriana de la invención formal como motor del arte y de la poesía, y de la tendencia a una expresión pura, paralela a una emancipación de los temas. Pero va más allá: compara a Picasso con un ciru-

---

de Guillermo Solana; trad. de Carmen Santos; Madrid, Visor, 1999, p. 231). Frente a ello proponía un arte que se inspirara en la música, liberada de mímesis, y parafraseando a Delacroix, el artista más admirado por Baudelaire, decía que "la naturaleza es sólo el diccionario" y que el verdadero artista saca términos del diccionario pero sólo para reelaborarlos desde la imaginación y la invención.

[38] G. Apollinaire, *Caligramas*, trad. de J. Ignacio Velázquez, Madrid, Cátedra, 1987, p. 277.

jano,[39] que no representa sino disecciona, y dice de él que es "primitivo y clásico a la vez", en una tensión o ambigüedad muy característica del propio Apollinaire.[40] Consciente de la necesidad de que el arte y la poesía tomen distancia del creciente imperio del kitsch, elogia en Picasso la consecución de "lo bello liberado del deleite", aunque para ello haya que asumir todos los riesgos: "La escuela moderna de pintura me parece la más audaz que haya existido nunca. Ha planteado la cuestión de lo bello en sí". Es una "cuestión" muy difícil de definir, aunque parece apuntar a lo esencial del arte moderno, la búsqueda de una plasticidad problemática que debe replantear sus reglas formales a cada intento. El correlato que Apollinaire plantea para la poesía se tiende entre la estrofa arraigada en la canción tradicional, como en la "Chanson du mal-aimé", y las proclamas

---

[39] "Y además lo cierto es que la anatomía, por ejemplo, ya no existía en el arte, había que inventarla de nuevo y ejecutar su propio asesinato mediante la ciencia y el método de un gran cirujano." G. Apollinaire, *Meditaciones estéticas, los pintores cubistas*, trad. de Lydia Vázquez, Madrid, La Balsa de la Medusa, 2001, p. 42.

[40] En 1908, un año después de que Picasso desconcertara a sus amigos al mostrarles *Las señoritas de Aviñón*, Apollinaire escribe: "Hay lugar ahora para un arte más noble, más mesurado, mejor ordenado, más cultivado". El poeta, hijo ilegítimo llegado a París después de un largo y difícil periplo por media Europa, se identificaba con el artista malagueño, de fuertes rasgos españoles, tan atraído por Cézanne o Matisse como por las plazas de toros a las que asistió en su infancia. Apollinaire fue el primero que vio la importancia que tenía para Picasso esa atracción por lo popular y telúrico; en *El poeta asesinado* Picasso aparece como "l'oiseau de Bénin" (el pájaro de Benin), aludiendo a su interés por el arte africano.

vanguardistas al estilo de "Zone" o de los Caligramas. En algunos de estos, como veremos, plantea un juego gráfico –"simultáneo"– sin romper el sesgo canónico de la versificación. En 1912 Apollinaire pasó una temporada en la casa que Francis Picabia tenía en las montañas del Jura. Entonces tomó los primeros apuntes del poema "Zone", que luego pondrá en el inicio de *Alcools*. Hay una carta de esas fechas a uno de sus grandes amigos y cómplices, André Billy, en la que dice: "Hace un tiempo que ensayo temas nuevos y muy diferentes de aquellos sobre los que me ha visto usted entrelazar rimas hasta ahora: creo haber encontrado en los prospectos una fuente de inspiración (…) Me faltan los catálogos, los carteles, los anuncios de todas clases. Créame, la poesía de nuestra época va incluida en ellos. Yo la haré brotar". En el poema mismo, la idea se manifiesta en estos versos:

Lees los prospectos los catálogos los afiches que cantan a
/pleno pulmón
En ellos está la poesía esta mañana para la prosa están los
/diarios
Los folletines a 25 céntimos repletos de aventuras policiales
Retratos de grandes hombres y mil títulos diversos

En los carteles y catálogos está la poesía. Apollinaire, como dice en la carta a Billy, "la hace brotar". Es el Orfeo de la vida moderna, de la poesía surgida de la nueva aceleración de la ciudad, de los tranvías y los diarios. "Des troupeaux d'autobus mugissants près de toi roulent" ("rebaños de autobuses mugientes pasan cerca de ti") leemos en otro verso de "Zona". Se dice que fue en un autobús, precisamente, donde Apollinaire improvisó su "Poema leído en las bodas de André Salmon", otra de las piezas de *Alcools*, en la que el crítico J. Rivière cree ver "el tono, la efusión lírica, cotidiana y profética característica de Whitman".[41] Whitman fue un ídolo para el joven Apollinaire, como él dejó documentado; algo del optimismo auroral del americano está en *Alcools*, en efecto. Y en algunos de esos autobuses podría haber pasado también, no mucho más tarde, otro poeta americano, el Girondo de los *Veinte poemas para ser leídos en el tranvía*, en cuya carta-prólogo, fechada en París en 1922, anota: "¡Cansancio de nunca estar cansado! Y se encuentran ritmos al bajar la escalera, poemas tirados en medio de la calle, poemas que uno recoge como quien junta puchos en la vereda". ¿No es el mismo espíritu órfico de Apollinaire, no son ya esos "poemas tirados en medio de la calle" el *ready made* de Duchamp encontrado por el poeta argentino que, más tarde, encabezará su *Espantapájaros* (1932) con un caligrama?

Pero la poesía nunca brota como tal, no hay *naturalidad* en ese manantial sino un proceso complejo y completo de transformación: de eso se trataba, en aquellos años vertiginosos anteriores a la guerra.[42] En esa decantación estaban

---

[41] Citado en M. Dédacuin, *La crise de valeurs symbolistes*, Ginebra-París, Slatkine, (1960), 1981, p. 29-33.

[42] "Ahora que vemos correr al revés el film, vemos que la efervescencia de

implicados los últimos *fauves* y los primeros cubistas. Apollinaire la reviste de una entonación ingenua y hasta festiva, en sus textos, siempre arropados en una revitalización y un renacimiento de los procedimientos clásicos, incluida la mitología. En la obra de Apollinaire el poeta es una figura semidivina y ambigua, heredera de una estirpe gloriosa pero amenazada de extinción: desde su primer libro de versos, *Le bestiaire ou Cortège d'Orphée* (1911), donde el poeta es un Orfeo de "poder insigne", como dice en el primer verso ("Admirez le pouvoir insigne/ Et la noblesse de la ligne"), rodeado de un mundo de bestias mitológicas. En *L'enchanteur pourrissant* el hechicero es el mago Merlín. En su larga tradición medieval, Merlín es hijo del Diablo y de una muchacha noble (y no es difícil ver por qué Apollinaire, hijo ilegítimo, podía identificarse con él).[43] Entre los atributos mágicos que posee Merlín se encuentra la profecía, igual que en la siguiente reencarnación del poeta-mago-profeta en la obra de Apollinaire: el Tiresias que aparece en *Les mamelles de Tiresias* (*Las tetas de Tiresias*, drama estrenado en París en 1917) y también en "*Le larron*" ("El ladrón"), uno de los poemas largos de *Alcools*, donde además

---

aquellos días se debía a que todos pasaban el último verano antes de las separaciones definitivas, de la vida el uno, de una mujer el otro, de una época todos." Ramón Gómez de la Serna, *op. cit*., p. 25.

[43] Como señala Eberhard Leube en su conferencia "Metamorfosis del poeta en la obra de Apollinaire" (1979), en *Tradición y antitradición*, Barcelona, Alfa, 1986, p. 160.

se alude a la bisexualidad del famoso adivino (y recordemos el principio de "Onirocritique": "yo era consciente de las eternidades diferentes del hombre y de la mujer"). Más tarde, en 1916, será *Le poète assassiné*. Allí se ve la cualidad y la situación ambigua que Apollinaire atribuye a la imagen del poeta: viril y femenino, profeta pero asesinado o pudriéndose, héroe del entusiasmo en una época agitada por fantasmas de guerra.[44] La descendencia de esta ambigüedad en la figura del poeta es larga; menciono una deriva argentina: en *Punctum* (1996) de Martín Gambarotta uno de los personajes centrales se llama Cadáver, y es alternativamente hombre y mujer.

Mallarmé dijo que el poeta se retira de un mundo que le es hostil para "esculpir su propia tumba". Apollinaire, en cambio, va al encuentro del mundo para presentarse, más que como un poeta o un crítico del arte, como un heraldo del arte nuevo.[45] En la posición de Mallarmé hay siempre un eco apocalíptico, la sombra de un arte que tiene en él a su último representante y está a punto de extinguirse: lo

---

[44] La ambigüedad sexual que Apollinaire tiende a atribuir a la figura del poeta estaría vinculada con el lugar del artista en la sociedad moderna, según Anna Boschetti: "el artista y el intelectual pueden ser percibidos como hombres afeminados o amenazados de feminización: son los dominados de la clase dominante y, por su dedicación, están vinculados con aquello que, en la sociedad burguesa, es tradicionalmente territorio de las mujeres, como la belleza, el gusto, la sensibilidad y las cosas del espíritu". A. Boschetti: *La poésie partout (Apollinaire, homme-époque, 1898-1917)*, París, Seuil, 2001, p. 46.

[45] Cfr. Roger Shattuck, *op. cit.* p. 248.

esculpido aparece como metáfora de la escritura del último poema. Pero en Apollinaire hay una voluntad de aceptación, de unirse a lo nuevo, de ser el padre enérgico de una estirpe flamante, más que su último descendiente. Poesía escultórica, espacial, frente a poema del plano, recortado en la temporalidad.

En noviembre de 1912, Apollinaire, que acababa de romper su larga relación amorosa con Marie Laurencin –la única mujer incluida en el canon de *Los pintores cubistas*, la que aparece como su "musa" en el retrato del poeta pintado por el "aduanero" Rousseau–, vivió durante una temporada en el estudio de Robert y Sonia Delaunay. Inmediatamente quedó deslumbrado por los experimentos que ambos artistas realizaban con el espectro puro de color, a lo que Delaunay llamaba "ventanas por contrastes simultáneos". En ese momento estaba traspasando los límites de la figuración, casi al mismo tiempo que Kandinsky y Mondrian. Entonces Apollinaire escribe "Les Fenêtres", poema que aparecerá por primera vez en el catálogo de la exposición de Delaunay en Berlín, en enero de 1913, y será luego la segunda pieza de *Caligramas* (en una posición casi de manifiesto):

Del rojo al verde todo el amarillo se muere
Cuando en las selvas natales cantan los guacamayos
Patas de pihis
Hay que hacer un poema sobre el pájaro que sólo tiene
/un ala

Lo enviaremos como mensaje telefónico
Traumatismo gigante
Hace que se derritan los ojos
Mira una bonita muchacha entre las jóvenes turinesas
El pobre muchacho se sonaba con su corbata blanca
Levantarás el telón
Y ahora mira cómo se abre la ventana
Arañas cuando las manos tejían la luz
Belleza palidez insondables violetas.

Un rasgo característico del estilo de Apollinaire es que cada verso define una idea y un período gramatical autónomo; ese resabio clásico, más que ninguna otra vocación de modernidad, fue lo que le permitió considerar superfluo el uso de los signos de puntuación. El poema aparece como una intersección de realidades simultáneas, con una ilación deliberadamente casual. Apollinaire llamó "simultaneísmo", y luego "orfismo" al procedimiento de Delaunay. La forma en que el propio poeta, ya desde años anteriores, trabajaba con recursos parecidos se ve por ejemplo en un poema de *Alcools*, "Les femmes" ("Las mujeres"), que recoge fragmentos, en apariencia casuales, de una conversación doméstica entre mujeres que cosen, y las ordena en cuartetas de alejandrinos. Muestro las primeras cinco estrofas, en su versión original para que se aprecie el metro y la rima:

Dans la maison du vigneron les femmes cousent
Lenchen remplis le poêle et mets l'eau du café
Dessus – *Le chat s'étire après s'être chauffé*
– *Gertrude et son voisin Martin enfin s'épousent*

Le rossignol aveugle essaya de chanter
Mais l'effraie ululant il trembla dans sa cage
Ce cyprès là-bas a l'air du pape en voyage
Sous la neige – Le facteur vient de s'arrêter

Pour causer avec le nouveau maître d'école
– Cet hiver est très froid le vin sera très bon
– Le sacristain sourd et boiteux est moribond
– La fille du vieux bourgmestre brode une étole

Pour la fête du curé La forêt là-bas
Grâce au vent chantait à voix grave de grand orgue
Le songe Herr Traum survint avec sa soeur Frau Sorge
Kaethi tu n'as bien raccommodé ces bas

– Apporte le café le beurre et les tartines
La marmelade le saindoux un pot de lait
– Encore un peu de café Lenchen s'il te plaît
– On dirait que le vent dit des phrases latines

Aquí utiliza la tipografía para señalar, en cursiva, las voces de las mujeres que hablan, y en redonda, la voz neutra del Orfeo que convierte esa conversación banal en poesía, en "poema-conversación", como lo llamaba Apollinaire. Aquí la rima aglutina los versos, que de otro modo serían intercambiables, ya que no siguen una ilación causal sino que parecen simultáneos, como las infinitas perspectivas superpuestas de una escena cubista o los círculos y cuadrados de colores de los Delaunay. En un artículo publicado en la revista *Soirées*, Apollinaire declaró que "el vínculo entre dichos fragmentos ya no es el de la gramática, sino el de una lógica ideográfica que conduce a un orden de disposición espacial contrario al de la yuxtaposición discursiva (…) Es lo contrario de una narración, ya que ésta es, de todos los géneros literarios, la que exige mayor lógica discursiva".

Por los mismos años, T. S. Eliot –voluntariamente permeable a la influencia de Baudelaire y Jules Laforge– escribe "The love song of J. Alfred Prufrock",[46] poema en verso libre que, sin embargo, se despliega en torno a este *ritornello*:

In the room the women come and go
Talking of Michelangelo.

(En la habitación las mujeres vienen y van
hablando de Miguel Ángel).

---

[46] Eliot empezó a escribir este poema en 1909 y lo publicó por primera vez en 1915; luego lo incluyó en *Prufrock and Other Observations*, Londres, Faber & Faber, 1917.

La intención y la actitud de Eliot es muy distinta a la de Apollinaire, pero en ambos casos la banalidad de una conversación doméstica estructura la escena. En el caso de Eliot es un salón londinense; en el de Apollinaire, una modesta casa rural de Francia. En "Les femmes", el ámbito de la poesía se abre a lo doméstico, a lo banal, a la conversación casual ("les femmes cousent", dice el primer verso –las mujeres cosen–, casi homónimo a "les femmes causent" –las mujeres *charlan*), a actos como servir el café o contar chismes sobre el nuevo maestro, el cartero, el sacristán, o pronosticar que el invierno será frío y por lo tanto la cosecha de uva, excelente. Pero algo sucede cuando esa masa líquida de materia verbal circulante se ordena en una forma clásica, se deja moldear en el verso de la tradición áurea de Francia, el alejandrino que doraron Corneille y Racine. En esa inquietud, en esa tensión está el impulso que va a disparar la primera vanguardia poética. La poesía de Apollinaire representa ese campo de fuerza que tuvo lugar en los diez años anteriores al principio de la Primera Guerra Mundial, cuando el poeta utiliza todavía sus instrumentos tradicionales pero los reordena, los descompone, los fuerza al límite. Más que una ruptura es una transición, y quizás es entonces cuando la vanguardia, incluso como metáfora militar, cobra su sentido pleno y fuerte.

Frente al cine, la novela y la música, regidas por lo durativo, por el transcurrir, Apollinaire –cerca en esto de la

Tous les souvenirs de naguère
Ô mes amis partis en guerre
Jaillissent vers le firmament
Et vos regards en l'eau dormant
Meurent mélancoliquement

Où sont-ils Braque et Max Jacob
Derain aux yeux gris comme l'aube

Où sont Raynal Billy Dalize
Dont les noms se mélancolisent
Comme des pas dans une église
Où est Cremnitz qui s'engagea
Peut-être sont-ils morts déjà
De souvenirs mon âme est pleine
Le jet d'eau pleure sur ma peine

famosa comparación de Horacio– ve en la pintura y en el poema la posibilidad de mostrar una experiencia *fijada* en el tiempo. Ya no se trata de la oposición clásica entre artes temporales y espaciales, sino de aquellas que reflejan el fluir de lo discursivo frente a las que captan el instante descompuesto y recompuesto en sus facetas. El carácter inconexo de la experiencia moderna, que responde a los mil estímulos simultáneos de la ciudad, aparece representado en versos que se superponen más que yuxtaponerse, formando un diagrama ideográfico –un *diagrama de flujo*, según dirá, muchos años después, el poeta estadounidense John Ashbery. De allí Apollinaire da el salto al caligrama; al disponer la escritura como un dibujo, se rompe la tradicional sucesión de renglones para mostrar el efecto simultáneo de todos los versos, que *figuran* la unidad de la experiencia en un primer golpe de vista y que muestran la tensión de la conciencia entre el flujo continuo de la temporalidad y la expresión discreta del lenguaje.

Dentro del caligrama "La colombe poignardée et le jet d'eau" ("La paloma apuñalada y el surtidor"), se dispone en forma de chorros de agua un soneto en octosílabos, evocando además uno de los temas clásicos más tradicionales, el *ubi sunt*.

Chorros de agua que surgen del surtidor o, quizás, un gran signo de interrogación caído sobre la serena linealidad de los renglones, lo cierto es que hay toda una posible combinatoria en este soneto dibujado: leer los cuartetos por líneas enfrentadas o bien primero las primeras cuatro líneas de la izquierda y después las de la derecha. En el primer caso tendríamos (permitiéndonos restituir la puntuación para ver más claramente la combinatoria de las lecturas):

Tous les souvenirs de naguère
—Ou sont Reynal Billy Dalize,
O mes amis partis en guerre!—
Dont les noms se mélancolisent.

Jaillissent vers le firmament
Comme des pas dans une église
Et vos regards en l'eau dormant.
Où est Cremnitz qui sangagea?

Meurent mélancoliquement
—Où sont-ils Braque et Max Jacob,
Derain aux yeux gris comme l'aube.

Peut-être sont-ils morts dejà.
De souvenirs mon âme est pleine,
Le jet d'eau pleure sur ma peine.

Todos los recuerdos de antaño
—¿Dónde están Raynal, Billy, Dalize,
Oh amigos míos partidos a la guerra,

Cuyos nombres se melancolizan?

Brotan hacia el firmamento.
Como pasos en una iglesia,
Y vuestras miradas en el agua dormida
¿Dónde está Cremnitz que se alistó?

Mueren melancólicamente
—¿Dónde están Braque y Max Jacob,
Derain de ojos grises como el alba?—

Quizás han muerto ya.
De recuerdos mi alma está llena,
El surtidor llora sobre mi pena.

O bien, en el segundo caso:

Tous les souvenirs de naguère
—O mes amis partis en guerre—
Jaillisent vers le firmament
Et vous regard en l'eau dormant.

Oú sont Raynal, Billy, Dalize,
Dont les noms se mélancolisent
Comme des pas dans une église?
Oú est Cremnitz qui sengagea?

Todos los recuerdos de antaño
—Oh amigos míos partidos a la guerra—
Brotan hacia el firmamento
Y vuestra mirada en el agua dormida.
¿Dónde están Raynal, Billy, Dalize,
cuyos nombres se melancolizan
como pasos en una iglesia?
¿Dónde está Cremnitz que se alistó?

Con los tercetos se podría también hacer un juego parecido. Así, el dibujo del surtidor, que al principio parece un juego sin mayor significado, sirve para disponer el soneto de manera *simultánea*, rompiendo la sucesión canónica de los cuartetos y tercetos, y dejando que el lector —o el azar— decida la composición final. Incluso se diría que la prosodia del soneto queda escindida de su corset gráfico para reconstruirse en una nueva forma, con algo de cartel publicitario y de dibujo infantil. Como en "Les femes", Apollinaire tensiona la cuerda entre el experimento y el pulso de los metros clásicos franceses, que al mismo tiempo revitaliza enérgicamente, gracias a una sensibilidad rítmica extraordinaria. Su facilidad para el verso es evidente incluso en su correspondencia: muchas de sus cartas están escritas en forma de poema, y algunas de ellas pasaron efectivamente a sus libros, como "Lettre-Océan", uno de los caligramas más elaborados, escrito como misiva a su hermano Albert, que vivía en México desde 1913.

La proximidad con la vanguardia pictórica impulsó a Apollinaire a confrontar su peculiar talento para la versificación con una exigencia plástica y estética acorde a la sensibilidad nueva. Lo contrario también es cierto: un oído virtuoso en la métrica tradicional le permitió, como la parte clásica que su talante le exigía, dar un orden apolíneo a la dispersión de la experiencia y de la conciencia modernas. Apollinaire el apolíneo: el juego de palabras está implícito en la elección de ese apellido, que había adoptado en 1902.[47]

En el camino hacia el caligrama es ineludible la referencia a *Un coup de dés* de Mallarmé. Pero también aquí Apollinaire vuelve a abrir el juego y a instaurar la tensión entre la representación gráfica del poema y la versificación tradicional, como una alternativa, al mismo tiempo más moderna y más conservadora, del verso libre. Se trata, en realidad, del capítulo final de un proceso que abarca varios siglos. Según Giorgio Agamben,[48] en una sextina del trovador provenzal Arnaut Daniel aparece por primera vez teorizada la preponderancia armónica sobre la melodía: "Teorema fundamental –dice Agamben– pues, en cuanto pone en primer plano, en la composición poética, un ca-

---

[47] Su nombre completo era Guillaume Albert Wladimir Alexandre Apollinaire de Kostrowitzky. Había nacido en Roma en 1880, hijo ilegítimo de un militar francés -aunque él gustaba de decir que su padre había sido un alto funcionario del Vaticano- y una noble polaca.
[48] G. Agamben, "Corn, dall'anatomia alla poetica", en *Categorie italiane (studi di poetica)*, Venecia, Marzilio, 1996, p. 38.

non perceptible sólo a través de la escritura, prepara la definitiva división del canto (es decir del elemento que Dante llama *melos*) del texto poético, división que marcaría la historia ulterior de la lírica europea". Esta progresiva separación entre poesía y canto, que partiría de la *rima irrelata* de la sextina provenzal –en la que los versos no riman dentro de la misma estrofa sino de una estrofa a otra– y se materializaría "en la instrumentación antimelódica no significa, entonces, sólo una opción musical, sino que prologa una crisis radical en la relación del texto con su ejecución oral". Agamben ve en Mallarmé el final de un proceso "de emancipación del texto poético no sólo del canto, sino, en general, de toda ejecución oral". Sin embargo, ¿no es en cierto modo *Un coup de dés* una partitura?, ¿no mueve a una cierta ejecución oral, aunque sólo sea mentalmente, en la lectura? El "surtidor" de Apollinaire, en cambio, no juega sobre los diferentes valores tipográficos sino sobre la apuesta por desordenar un soneto, pero manteniendo la posibilidad de recomponerlo y hasta de reescribirlo.

Demos ahora un paso atrás, de nuevo hacia *Alcools*, para ver tres estrofas de la "Chanson du mal-aimé":

Beaucoup de ces dieux ont péri
C'est sur eux que pleurent les saules
Le grand Pan l'amour Jésus-Christ
Sont bien morts et les chats miaulent
Dans la cour je pleure à Paris

Moi qui sais des lais pour les reines
Les complaintes de mes années
Des hymnes d'esclave aux murènes
La romance du mal aimé
Et des chansons pour les sirènes

L'amour est mort j'en suis tremblant
J'adore de belles idoles
Les souvenirs lui ressemblant
Comme la femme de Mausole
Je reste fidèle et dolent

[Muchos de esos dioses han muerto
Por ellos sí lloran los sauces
El gran Pan el amor y Cristo
Han muerto y maúllan los gatos
En el patio en París sollozo

Canto layes para las reinas
Las elegías de mis años
Himnos de esclavo a las murenas
La romanza del malamado
Y endechas para las sirenas

Murió el amor por eso tiemblo
Adoro a los ídolos bellos

Los recuerdos se le parecen
Como la mujer de Mausolo
Permanezco fiel y doliente]

En estos versos no hay sucesión temporal, la estrofa se mantiene atada, al borde de la dispersión, gracias al verso regular y al esquema rítmico. ¿No nos recuerda acaso la comparación de Apollinaire entre Picasso y un cirujano que disecciona un cuerpo? En buena medida, la revolución cubista radicó en la eliminación de la profundidad de la perspectiva, en el trabajo de la imagen sobre un plano puro, sin tercera dimensión. Sobre todo den los retratos, Picasso y Braque superponen las distintas perspectivas del rostro quitándole profundidad y narratividad, ya que, al multiplicarse el punto de vista, desaparece el sujeto que ve como supuesto en que la imagen se sostiene, la perspectiva como ley del espacio pictórico. Por eso en los cuadros cubistas no hay paisaje, ya que tiende a desaparecer la diferencia entre figura y fondo.[49] También en las estrofas de Apollinaire el punto de vista parece estallado, el tiempo se detiene y la imagen se fractura en mil reflejos simultáneos. Desaparecido el sujeto como sustento del cuadro y del poema, *es el lenguaje mismo el que canta*. Apollinaire supo

---

[49] "La progresiva monocromía reduce los contrastes cromáticos", escribe acerca del cubismo Valeriano Bozal en su excelente apéndice a G. Apollinaire, *Meditaciones estéticas, los pintores cubistas, op. cit.*, p. 107.

ver como nadie que en Picasso y en Braque, y más tarde en Delaunay, aparecía, no algo distinto, sino "una nueva belleza", como él escribió; una belleza des-sujetivizada, en la que canta el arte mismo como entidad que postula una relación nueva con la realidad que refleja o reelabora. Ésa es su nueva versión de un Orfeo que registra el canto de las cosas mismas, de las voces, de las conversaciones, de los carteles y de los catálogos.

El cazador y la presa

La volubilidad del deseo, ¿es una experiencia moderna? ¿Nace con el mito de Don Juan, con la voracidad *capitalista* del seductor? Sin embargo, la *Antología griega* contiene este epigrama de Calímaco, escrito hacia 280 a. C.:

Caza un hombre en el monte, Epicedes, buscando las liebres
todas y los rastros de todas las gacelas
y afrontando la escarcha y la nieve; mas, si alguien le dice
"Mira, ya está tocada la pieza", no la cobra.
Tal se deleita mi amor en seguir lo que escapa
pasando de largo por lo que yace herido.[50]

Versos parafraseados más o menos literalmente a lo largo de los siglos, como en este pasaje del Ariosto [*Orlando furioso*, X, VII]:

Come segue la lepre il cacciatore
Al freddo, al caldo, alla montagna, al lito;
Ne piu l'estima por che presa vede,
E sol dietro a chi fugge affretta il piede.

---

[50] *Antología palatina I,* epigramas helenísticos, traducción e introducción de Manuel Fernández-Galiano, Madrid, Gredos, 1987, p. 162.

[Como persigue el cazador la liebre,
con frío o calor, en la montaña o en el valle;
pero cuando la prende ya no le interesa,
sólo detrás de lo que huye el paso aprieta.]⁵¹

El cazador de Calímaco, al que no le interesa cobrar la pieza sino dejarla herida para perseguir a otra, destruye la idea de necesidad, de economía (alimenticia o sacrificial) de la acción: su goce no está en alimentarse o abrigarse o rendir culto sino en ejercer y demostrar su destreza. Cerca de 19 siglos después de Calímaco, Shakespeare dio una visión desde el lado femenino del cuadro, cuando Cressida le dice a Pándaro –quien intenta atraerla hacia Troilo–: "Las mujeres son ángeles en tanto se les hace la corte; una vez conseguidas, las cosas pierden su precio. El alma del placer está en la persecución. La mujer amada no sabe nada si no sabe que los hombres estiman lo que no han conseguido en más de lo que vale. Aún está por nacer la mujer que ha encontrado tantas dulzuras en el amor triunfante como en el amor suplicante". Aquí aparece ya una codificación cortesana de la difícil convergencia entre deseo y posesión, una estrategia del requiebro que tendrá su visible continuación en el racionalismo de un Laclos –en *Las amistades peligrosas* la estrategia del conquistador amoroso no es formalmente distinta de la

---

[51] Michel de Montaigne –"De la amistad", Ensayos, I, XXVII– veía en este pasaje la clave de la diferencia entre la amistad y el amor; éste, dice, "no es más que un deseo demente por aquello que huye de nosotros".

del estadista o el militar– y en la autocomplaciente impostura de Rodolph, el primer amante de Emma Bovary.

San Agustín había introducido un matiz en este complejo cuadro: en su visión, el amante pasa de la angustia del anhelo al pánico de la pérdida: "Nadie dudará de que las únicas causas del temor son, o bien la pérdida de lo que amamos y hemos ganado, o bien el fracaso en ganar aquello que amamos y en que hemos puesto nuestra esperanza" (pero Calímaco le contestaría que no podemos "perder" lo que amamos, puesto que en cuanto lo poseemos dejamos de amarlo, de desearlo). Hay una compleja tópica agustiniana que distingue entre anhelo (*appetitus*) y deseo (*cupiditas*) como diferencia entre una visión pagana de la dialéctica deseo/posesión y la culposa codificación cristiana, donde el objeto debe volverse símbolo de las apetencias divinas del alma. Más allá de eso, podemos señalar la parte optimista de la visión agustiniana, en tanto el deseo aparece como primer y esencial mediador entre sujeto y objeto y, por tanto, el que aporta la posibilidad de un encuentro, el paso inaugural hacia la posesión o vía unitiva.

Hannah Arendt sostiene, al estudiar a San Agustín, que el problema de la felicidad humana estriba en que está constantemente asediada por el temor: "Lo que está en juego no es la falta de la posesión, sino su pérdida".[52] Privado cada

---

[52] Hannah Arendt, *El concepto del amor en San Agustín* (1929), trad. de Agustín Serrano de Haro, Madrid, Encuentro, 2001, p. 26.

momento de su serenidad, dado que del anhelo se pasa al temor de la pérdida, el futuro destruye al presente. Así Calímaco y San Agustín coincidirían en que la posesión del objeto es imposible. Sólo que en Calímaco lo es por la incompatibilidad entre deseo y posesión, puesto que sólo es deseable la presa que huye, en tanto que en San Agustín es el temor de la pérdida lo que aniquila la satisfacción por el objeto amado. En ambos casos, el presente no existe, está perpetuamente aniquilado por el futuro.

Como síntoma de la cultura moderna, la usina de inquietud subjetiva constituida por el deseo es asunto del mayor interés para el psicoanálisis, porque apunta a uno de los núcleos de su reflexión: la imposibilidad de satisfacción. En *Más allá del principio de placer* (1920), Freud escribe: "El camino hacia atrás, hacia la satisfacción plena [de la pulsión reprimida], en general es obstruido por las resistencias en virtud de las cuales las represiones se mantienen en pie; y entonces no queda más que avanzar por la otra dirección del desarrollo, todavía expedita, en verdad sin perspectivas de clausurar la marcha ni de alcanzar la meta". Freud no cita a Calímaco, a quien posiblemente no había leído, pero no es difícil relacionar esa marcha hacia adelante sin descanso ni meta, con la carrera del cazador del epigrama, que se desinteresa por la pieza una vez está tocada. El perspicaz Jacques Lacan dio una interesante vuelta de tuerca a la cuestión al sugerir que la cinética de esta fuga sin término se da en la horizontalidad del sintagma: "...no hay objeto sino metonímico, pues el objeto del deseo es el objeto del deseo del otro, y el deseo siempre deseo de otra cosa... del mismo modo no hay sentido, sino metafórico, o sentido que sólo surge de la sustitución de un significante a un significante en la cadena simbólica" (*Seminario V*, "Las formaciones del inconsciente", clase I, 1957). Deseo del otro, deseo de otra cosa: en ese desplazamiento permanente que impide al mismo tiempo la posesión y la literalidad, y se abona a la carrera sin meta y a la significación metafórica, se mueve también algo intrínseco a la escritura y la lectura de poesía. El epigrama de Calímaco puede leerse entonces: como la interminable carrera del poeta cazador por encontrar el sentido, que sólo se le manifiesta en lo metafórico, de lo que la metáfora cinegética del mismo epigrama no es sino un ejemplo, y que la paráfrasis de Ariosto reduplica e inscribe como imagen fijada por la tradición.

No huye la presa del cazador, sino el cazador de la presa, como huye el sentido dejando, en su estela, la metáfora. El poeta es el que persigue y registra esa estela. El tropo no es allí un procedimiento de reemplazo de lo literal, es el reflejo –artístico, si se quiere– de su fuga incontenible.

Cavafis abandonado por Hércules

I

La obra del poeta alejandrino Constantino Cavafis (1863-1933) es breve. Se consideran "canónicos" los ciento cincuenta y cuatro poemas que publicó en vida, aunque hoy se conocen numerosos borradores no concluidos y versos de juventud que después repudió.[53] Quizás la brevedad se deba a que fue un poeta tardío; escribió la mayor parte de su obra a partir de 1910, ya cercano a los cincuenta años. De esta misma circunstancia proviene el tono crepuscular de muchos de sus poemas; su sustancia es la memoria de los días de juventud, la añoranza de la belleza poseída otrora y perdida para siempre. El homoerotismo de Cavafis fijó uno de los más perdurables modelos de poesía amorosa del siglo. En España, al menos el último Cernuda y, después, Jaime Gil de Biedma, están impregnados del erotismo cavafiano.

No menos perdurable es la otra vertiente de la poesía de Cavafis: su recurso a la historia de Grecia y de Roma, a través de cuyos temas y personajes el poeta enmascara su propia experiencia o sus observaciones, objetivándolas. Esta

---

[53] En castellano, este material puede consultarse en la exhaustiva edición de Pedro Bádenas de la Peña: *Poesía completa de C. P. Cavafis*, Alianza Tres, Madrid, 1982 y sucesivas reediciones.

parte de su obra ha sido comparada con los monólogos líricos de Robert Browning; por ello resulta comprensible la admiración que le profesaron poetas tan poco dados a la efusión sentimental como Auden o Cernuda. El lirismo de Cavafis es seco, contundente, sustantivo, bastante alejado del lirismo romántico que ha preponderado en la poesía de los dos últimos siglos. Joseph Brodsky atribuye esta característica a la utilización de unos medios deliberadamente "pobres": "Así, llama 'verdes' a las esmeraldas y describe los cuerpos como 'jóvenes y bellos', técnica que surge de un Cavafis que comprende que el lenguaje no es un instrumento de cognición sino de asimilación, que el ser humano es un burgués natural y que emplea el lenguaje para los mismos fines que la vivienda o el vestido. La poesía parece ser la única arma para vencer al lenguaje, utilizando los mismos medios que éste". A partir de estas características, y siguiendo a su maestro Auden, Brodsky advierte también la rara traducibilidad de Cavafis: "Todo poeta sale perdiendo de la traducción, y Cavafis no es una excepción. Lo que sí es excepcional es que también salga ganando".[54]

Da la impresión de que la refinada melancolía de Cavafis hace que hasta sus pasajes eróticos se vuelvan figuras de la pérdida, imágenes de esa intensidad que por un momento brilla y después reduce al hombre a memoria de lo que ya

---

[54] Joseph Brodsky, *La canción del péndulo*, traducción de Esteban Riambau, Barcelona, Versal, 1988, p. 31.

no es. Hay en esas escenas una chispa de sublimidad que el poeta ve encenderse y quiere retener. Un momento de esplendor: en cada destino individual, en la historia de cada civilización, en un pasaje de cada obra, en la relación de cada mito, en la vida de cada cuerpo; la poesía surge, tardíamente, para retener ese brillo. Un instante en que belleza y verdad coinciden, son lo mismo: ése es también el sentido del mito.

Ni hermético ni *baldío*: la singularidad de Cavafis está blindada por esas distancias: la suya es la originalidad de la voz poética que crea su propia pertenencia. Una entonación que no caduca: un clásico. Por eso el juego alternativo de las traducciones lo actualiza, transformándolo.

II

E. M. Forster puso un poema de Cavafis, "El dios abandona a Antonio", escrito en 1911, en el centro de su libro *Alejandría* (1922), atrayendo por primera vez el interés de los lectores europeos hacia su poesía. Forster, que trató a Cavafis, lo retrata como "gentleman griego, tocado con un sombrero de paja, en pie y absolutamente inmóvil, en una posición oblicua con respecto al universo (...) es posible inducirlo a comenzar una frase, una frase inmensa y complicada, pero de equilibrio perfecto (...) Puede desarrollarse con idéntica perfección en griego, en inglés o en francés. Pero, a pesar de su riqueza intelectual y de su humana perspectiva, a pesar de la madura claridad de sus juicios, uno siente que también ello se encuentra en una posición ligeramente oblicua en relación al universo: es la sentencia de un poeta".

También Cernuda admiró "El dios abandona a Antonio": "De [Cavafis] no conozco sino algunos poemas en traducción inglesa; pero aquel sobre tema de Plutarco, donde Marco Antonio oye en la noche la música que acompaña al cortejo invisible de los dioses, que le abandonan, me parece una de las cosas más definitivamente hermosas de que tenga noticia en la poesía de este tiempo".[55] No conozco estudios acerca de la probable influencia de Cavafis en el último Cernuda, cuyo "tono de voz" –para tomar los términos utilizados por Auden[56]– evoca sin embargo la melancolía cavafiana, con la diferencia de que el griego celebra el mito de una patria de muy remoto esplendor, en tanto el español brama contra un país de presente y palpable espanto. Por eso, seguramente, en Cavafis hay melancólica dulzura y en Cernuda resenti-

---

[55] Luis Cernuda, "Entrevista con un poeta" (1959), en *Prosa completa*, Barcelona, Barral Editores, 1975, p. 1.106.

[56] En el prólogo de la cuarta edición de *The Complete Poems of Cavafy* (en traducción de Rae Dalven, Nueva York, 1961), W. H. Auden escribe: "¿Qué es entonces lo que, en los poemas de Cavafis, sobrevive a la traducción y es capaz de emocionar? Algo que sólo puedo llamar, aunque de forma insuficiente, un tono de voz, una forma personal de hablar. He leído numerosas traducciones de Cavafis, muy distintas entre sí, y puedo asegurar que todas ellas son inmediatamente reconocibles como un poema de Cavafis; nadie más podría haber escrito poemas como esos."

miento no disimulado. En cualquier caso, el hecho de que en esta breve alusión Cernuda reconozca que sólo conoce a Cavafis por traducciones, y que aun así le parezca este poema "una de las cosas más definitivamente hermosas de que tenga noticia en la poesía de este tiempo", implica adoptar una posición cercana a la expresada por Auden y Brodsky, y sin ninguna ironía en su caso.

"El dios abandona a Antonio" fue escogido por Gil de Biedma para elogiar la poderosa melancolía de Cavafis: "En las noches más feas, pensar en [los seres fabulosos de los libros de aventuras] es suscitar una armonía tenue y triste en el silencio de nuestra habitación, y sentir, lo mismo que Marco Antonio en el poema de Cavafis, la suprema soledad de quien sabe que esa música señala el paso de los dioses que se alejan, en busca de generaciones más jóvenes, dejándonos en el surco, en la trinchera de nuestra edad de hombres, soldados de la guerra perdida de la vida, con nuestro viejo mapa de la isla del tesoro, con nuestra nostalgia de ser igual que fuimos, héroes, y, en las manos, quebradiza e inútil como la piel mudada de una culebra, la vaina de la espada del Corsario Negro".[57] En un gesto muy característico, Gil de Biedma mezcla la alta cultura con la literatura popular (el *Corsario Negro* de Salgari) y las figuras homoeróticas que van a dar en la vaina de la espada.

---

[57] "De mi antiguo comercio con los héroes", en *El pie de la letra* (ensayos 1955-1979), Barcelona, Crítica, 1980, p. 209.

Un sesgo moral tiene la lección que hizo José Ángel Valente del poema sobre Antonio: "Parece como si el poeta se complaciese en rescatar y actualizar esos momentos anónimos que la narración de la Historia triunfante sepulta en el olvido. Su mundo no es, pues, el de la Historia heroica: no el de Octavio sino el de Antonio, no el de Atenas sino el del Oriente griego (...) Quizá para Cavafis la única, definitiva victoria sea la capacidad de asumir, en un acto supremo de libertad, el propio destino, aun cuando comprobemos que el ideal perseguido no existe (como en el espléndido poema "Ítaca") o cuando, existiendo, se aleja definitivamente de nosotros (como en 'El dios abandona a Antonio')".[58]

III

La escena en que Antonio, en la víspera de la batalla definitiva contra Octavio, se despide de la ciudad de Alejandría (y del dios Baco, que lo abandona) aparece en Plutarco y, tomado de éste, en Shakespeare. El episodio tuvo lugar en el año 31 a. C., la víspera del día en que, derrotado y creyendo muerta a Cleopatra, Antonio se suicida. Así, este poema constituye uno de los más nítidos y crepusculares ejemplos de la forma en que un hecho de la historia es *secuestrado* por

---

[58] "Introducción" a Constantino Cavafis, *Veinticinco poemas*, traducción de E. Vidal y J. A. Valente, Málaga, Caffarena y León, 1962 (reeditada en 1998 por Miguel Gómez Ediciones, Málaga).

la poesía, cargado de una fuerza mítica (o metafórica) que irradia y a la vez refleja luz a lo largo de dos mil años.

Plutarco escribió las *Vidas paralelas* hacia el año 100 d. C., es decir unos ciento treinta años después de la batalla de Accio. Una de sus fuentes fue Cicerón, quien en sus *Filípicas* había atacado duramente a Antonio; en venganza, éste lo mandó matar tras la batalla de Filipos, haciendo exhibir públicamente su cabeza y su mano derecha. Pero Plutarco, que ya no podía temer las represalias de Antonio, hace de él un retrato aun peor que el de Cicerón: lo muestra como un personaje rijoso, grosero y despiadado. Seguramente ateniéndose a ese perfil, George Bernard Shaw formuló el sarcasmo de que sólo la inconmensurable ambición poética de Shakespeare podía dotar de cierta nobleza a una figura tan vulgar como la de Marco Antonio[59].

En Plutarco el episodio se describe así:

"Se cuenta que aquella noche, como al medio de ella, cuando la ciudad estaba en el mayor silencio y consternación con el temor y la esperanza de lo que iba a suceder, se oyeron repentinamente los acordados ecos de muchos instrumentos y vocerío de una gran muchedumbre con gritos báquicos y bailes satíricos, como si pasara una inquieta turba de cofrades; que esta turba movió como

---

[59] G. B. Shaw señala, en el prólogo a su *César y Cleopatra* (1901), que el "encaprichamiento sexual" es un asunto más cómico que trágico y que resulta inverosímil ver a Antonio "huyendo de la batalla de Actium por amor a Cleopatra".

de la mitad de la ciudad hacia la puerta por donde se iba al campo enemigo, y que saliendo por ella, se desvaneció aquel tumulto, que había sido muy grande. A los que daban valor a estas cosas les pareció que fue una señal que daba a Antonio de que era abandonado por aquel dios a quien hizo siempre ostentación de parecerse, y en quien más particularmente confiaba".[60]

"Aquel dios" es, en este pasaje, Dionisio, por eso hay gritos báquicos y bailes satíricos. Se sabe, por distintas fuentes históricas, que Antonio se identificaba con este dios, al punto de hacerse llamar "Nuevo Dionisio". Pero existía, al mismo tiempo, una vinculación con Hércules, "con cuyo linaje pretendía emparentarse Antonio y cuyo aspecto físico imitaba"[61]. Plutarco, que desprecia a Antonio ("Siendo tal el carácter de Antonio se le agregó como definitivo mal el amor de Cleopatra", dice), da mayor relieve a su filiación dionisiaca; Shakespeare, para exaltar el perfil heroico, hará de Hércules el dios que lo saluda por última vez en la noche alejandrina.

Los humanistas vieron en las *Vidas paralelas* una apasionada defensa del talento y el valor individual como motor de la historia: durante el siglo XVI se publicaron diversas traducciones y ediciones de la obra de Plutarco.

---

[60] Plutarco, *Vidas paralelas*: "Demetrio y Antonio", LXXV, traducción de Antonio Sanz Romanillos, Barcelona, Planeta, 1991, p. 755.
[61] Juan F. Martos, Introducción a Plutarco, *Vidas paralelas (Demetrio-Antonio)*, Madrid, Alianza, 2007, p. 19.

La más memorable e influyente fue la del francés Jacques Amyot, publicada en París en 1559. Montaigne (*Essais*, II, 4) declaró que esta traducción de las *Vidas paralelas* era "su breviario". Amyot fue a su vez traducido al inglés por sir Thomas North en 1579,[62] bajo el título de *Lives of the Noble Grecians and Romans*; fue esta versión de Plutarco la que leyó Shakespeare, y la fuente de casi todos sus dramas de asunto romano y griego.

En *Antonio y Cleopatra* (1606-1607), acto IV, escena III,[63] Shakespeare —en uno de esos detalles geniales de que su obra está tan plena que casi no reparamos en ellos—, hace que el episodio se cuente a través del diálogo entre dos soldados de guardia en la noche alejandrina. Una información oblicua, introducida por un diálogo casual, que pone en duda lo mismo que está contando:

---

[62] North, cuya actuación contra la armada española le valió el título de *sir*, había publicado también, en 1557, bajo el título de *Diall of Princess*, una traducción al inglés de la versión francesa de la versión castellana que Antonio de Guevara había hecho de las *Meditaciones* de Marco Aurelio. Lo curioso de estas diversas intermediaciones entre el texto latino y su versión inglesa es que la edición de Antonio de Guevara tenía más de invención que de auténtica traducción. De hecho la *editio princeps* del manuscrito recuperado de las *Meditaciones* no se publicó hasta 1558, mientras que la versión de Guevara apareció en Valladolid en 1529. Al parecer, éste se basó en una versión fragmentaria del texto latino e inventó el resto, incluida la historia de cómo, durante un viaje a Florencia, alguien había puesto en sus manos todo el material de Marco Aurelio, incluyendo cartas y otros documentos personales.

[63] *Obras completas* de William Shakespeare, traducción de Luis Astrana Marín, Madrid, Aguilar, 1959, vol. II.

Soldado 3º.–Es un breve ejército y lleno de ímpetu.
(Música de oboes bajo tierra)
Soldado 4º.–¡Silencio!
Soldado 1º.–¡Escuchad, escuchad!
Soldado 2º.–¡Chitón!
Soldado 1º.–¡Música en el aire!
Soldado 3º.–¡Bajo tierra!
Soldado 4º.–Buen signo, ¿no es eso?
Soldado 3º.–No.
Soldado 1º.–¡Silencio, digo!, ¿qué podrá esto significar?
Soldado 2º.– Es el dios Hércules, que amaba a Antonio, y que lo abandona en este momento.

Por el contrario, Cavafis se deshace de toda oblicuidad para meterse en la conciencia de Antonio, en el corazón del mito. Ese Antonio mítico es el único posible, el eternamente verdadero, por eso ignora la relativización que opera Plutarco mediante fórmulas como "se cuenta que aquella noche..." o "a los que dan valor a estas cosas...". Como todo hombre que ya ha vivido lo suyo, Antonio debe mantener un valeroso estoicismo ante el siempre esperado y sin embargo sorpresivo golpe final del destino: "no digas quefue un sueño".[64]

---

[64] Casi contemporáneamente a Cavafis, Rubén Darío escribió un "Nocturno", donde también hay un reino que se pierde y la realidad puede confundirse con el sueño. Sólo que la actitud es opuesta: el estoicismo cede ante el lamento y el reconocimiento de que, en efecto, todo fue un sueño:

Antonio pierde Alejandría como la propia Alejandría pierde su esplendor, como Grecia perdió su gloria, como los amantes transmutan su placer en melancólica memoria. La entereza ante la pérdida y el rechazo del lamento parecen ser en Cavafis los factores de esa dignidad de hombre y de poeta.

Sobre todo de poeta; no parece forzado leer en su galería de glorias perdidas y de poderes imperiales que se deshacen una metáfora de la *excentricidad*, del murmullo cercano al silencio en que habita el artista moderno. Excentricidad también de identidades, y hasta de latitudes: ¿no es significativo que dos de los poetas más perdurables del siglo, Cavafis y Pessoa, hayan *atacado* a Europa desde los dos confines opuestos del continente, y ambos adoptando toda clase de máscaras, aunque distintas en cada caso, pero siempre desplazadas con respecto a eso que solía denominarse *primera persona*?

IV

Sorprende la fortuna de la poesía de Cavafis en el ámbito del castellano: en un período relativamente breve de tiempo, ha sido varias veces traducido tanto en España

---

Y el pesar de no ser lo que yo hubiera sido,
la pérdida del reino que estaba para mí,
el pensar que un instante pude no haber sido,
¡y el sueño que es mi vida desde que yo nací!

como en América Latina.[65] Cavafis es hoy una rara especie de "clásico castellano", y no es difícil detectar el eco de su voz, acaso ya indirecto e involuntario, en poetas jóvenes de España y América.

En el postfacio a *L'égal des dieux. Cent versions d'un poème de Sappho*,[66] pequeño volumen que recoge un centenar de versiones al francés del poema más famoso de Safo, el editor, Philippe Brunet, compara las sucesivas retraducciones con un caleidoscopio, y prefiere hablar de reescritura: "La traduction d'un texte dans un langue donée témoigne de sa *réécriture* permanente (...) il ressort que l'original se réinvente à chaque génération, que le sérieux des traducteurs et la fantasie des imitateurs se confondent dans un même acte rituel d'écriture et un même poursuite érotique: l'extreme vérité de Sappho (...)". La traducción, como reescritura, significa la inserción de un clásico en

---

[65] Además de las mencionadas más abajo, se han publicado traducciones de Cavafis en Argentina (*Recuerda cuerpo...* Poesía erótica, selección y traducción de N. Anghelidis, Buenos Aires, Corregidor, 1998); Colombia (*Poemas canónicos*, presentación, traducción y notas de E. López Jaramillo, Pereira, Fondo Editorial de la Gobernación de Risaralda, 1985); México (*Poemas completos*, traducción y notas de C. Cantú, México, Diógenes, 1979, 1985 y 1987; *Poemas*, traducción de H. Alvarado Tenorio y R. Frantzis, Universidad Autónoma de Chiapas, 1984), y Venezuela (*Cien poemas*, selección y traducción de F. Rivera, Caracas, Monte Ávila, 1978). En España, las versiones son aun más numerosas; una bibliografía cavafiana completa en castellano (y en las demás lenguas peninsulares) aparece en el exhaustivo número monográfico que le dedicó la revista *Litoral*, nº 221-222, Málaga, 1999.

[66] París, Editions Allia, 1988.

la historia literaria de otro ámbito lingüístico; y las sucesivas versiones de un mismo poema no se excluyen, sino que componen el prisma preciso para su reflexión. Cavafis ha producido el que es probablemente el más perdurable código erótico de la poesía del siglo XX y —por esta vez al menos— el ámbito de nuestra lengua no ha permanecido ajeno. Damos a continuación cinco traducciones al castellano, para formar nuestro propio —necesariamente fragmentario— "caleidoscopio" cavafiano. Para completar el juego, agregamos una traducción al catalán, otra al inglés y otra al italiano.

El dios abandona a Antonio

1. Traducciones castellanas:
a. De José María Álvarez

Konstantino Kavafis: *Poesías completas*, Hiperión, Madrid, 1976

Fue la primera traducción castellana de los "poemas canónicos" de Cavafis. Aparentemente no tradujo del original sino de la versión francesa de Georges Papoutsakis (publicada en 1958).

Cuando de pronto a media noche oigas
pasar una invisible compañía
con admirables músicas y voces—
no lamentes tu suerte, tus obras

fracasadas, las ilusiones
de una vida que llorarás en vano.
Como dispuesto desde hace mucho, como un valiente,
saluda, saluda a Alejandría que se aleja.
Y sobre todo no te engañes. Nunca digas
que es un sueño, que tus oídos te confunden;
a tan vana esperanza no desciendas.
Como dispuesto desde hace mucho, como un valiente,
como quien digno ha sido de tal ciudad,
acércate a la ventana con firmeza,
escucha con emoción, mas nunca
con lamentos y quejas de cobarde,
goza por vez final los sones,
la música exquisita de esa tropa divina,
y despide, despide a Alejandría que así pierdes.

b. De Elena Vidal y José Ángel Valente

Veinticinco poemas de Konstantino Kavafis, Málaga, Miguel Gómez Ediciones, 1998

Antología de los poemas de Kavafis publicada originalmente en 1964. En el prólogo, Valente cuenta el método de trabajo seguido para la traducción: la profesora de griego Elena Vidal hacía las primeras versiones, luego él las retocaba y, en fin, entre ambos decidían las versiones definitivas. Valente renuncia al efecto arcaizante o grecizante, eliminando adjetivos como "báquico" y utilizando un lenguaje llano:

Cuando de pronto, a media noche oigas
pasar una invisible compañía
con exquisitas músicas y voces,
no lamentes en vano tu fortuna
que cede al fin, tus obras fracasadas,
los ilusorios planes de tu vida.
Como dispuesto de hace tiempo, como valiente, dile
adiós a Alejandría que se aleja.
Y sobre todo no te engañes: en ningún caso pienses
que es un sueño tal vez o que miente tu oído.
A tan vana esperanza no desciendas.
Como dispuesto de hace tiempo, como valiente, como
quien digno ha sido de tal ciudad, acércate
a la ventana. Y ten firmeza, oye
con emoción, mas nunca
con el lamento y quejas del cobarde,
goza por vez final de los sones,
la música exquisita de la tropa divina,
despide a Alejandría que así pierdes.

c. De Pedro Bádenas de la Peña
Poesía completa de C. P. Cavafis, Alianza Tres, Madrid, 1982

Es la edición castellana más exhaustiva de la obra del poeta alejandrino. Hecha por un helenista, es algo dura al oído y parece optar por la máxima fidelidad al texto original.

Cuando de pronto, a media noche, se oiga
pasar invisible un báquico cortejo
con músicas maravillosas, con vocerío—
tu fortuna flaqueante, tus obras
fallidas, los sueños de tu vida
que salieron todos vanos, no los llores inútilmente.
Como dispuesto desde hace tiempo, como un valiente,
despide, despide a Alejandría que se aleja.
Sobre todo, no te engañes, no digas que fue
un sueño, que tu oído te engañó;
no te acojas a tan vanas esperanzas.
Como dispuesto desde hace tiempo, como un valiente,
como te cabe a ti, que de una ciudad tal mereciste el honor,
acércate resuelto a la ventana
y escucha conmovido, mas sin
súplicas ni lamentos de cobarde,
como goce postrero los sones,
los maravillosos instrumentos del místico, báquico cortejo
y despide, despide a la Alejandría que tú pierdes.

d. De Ramón Irigoyen
Poemas de C. P. Cavafis, Seix Barral, Barcelona, 1994

Esta traducción, hecha directamente del griego y con anunciada pretensión de fidelidad al original, resulta algo arcaizante y de ritmo desigual.

Cuando de pronto a medianoche, se oiga
un cortejo invisible que circula
con músicas excelsas, con clamores—
de tu destino que se entrega, de tus obras
que fracasaron, de los proyectos de tu vida
que tan mal te salieron, no te lamentes en vano.
Como dispuesto desde ha tiempo, como un valiente,
dile adiós a ella, a la Alejandría que se va.
Y sobre todo no te engañes, no digas
que fue un sueño, que fue error de tu oído;
nunca aceptes tan vanas esperanzas.
Como dispuesto desde ha tiempo, como un valiente,
como te va a ti que de una ciudad tal has sido digno,
acércate con entereza a la ventana,
y oye con emoción, pero no
con súplicas y quejas de cobarde,
como un último goce los acordes,
los excelsos instrumentos del misterioso cortejo,
y dile adiós a ella, a la Alejandría que tú pierdes.

e. De M. Castillo Didier

(*Kavafis íntegro*, ensayo, trad. y notas de M. Castillo Didier, Santiago de Chile, Centro de Estudios Bizantinos y Neohelénicos Fotios Malleros, Universidad de Chile, 1991.)

El chileno Castillo Didier es quizás el más importante cavafiano de América Latina. Su estilo es enfático e imperativo. Es la única traducción en que varía el título: "Que el dios abandona a Antonio":

> Cuando de repente, a medianoche, se escuche
> pasar una comparsa invisible
> con músicas maravillosas, con vocerío—
> tu suerte que ya declina, tus obras
> que fracasaron, los planes de tu vida
> que resultaron todos errados, no llores vanamente.
> Como hombre preparado desde tiempo atrás, como valiente,
> di adiós a Alejandría que se aleja.
> Sobre todo no te engañes, no digas que era
> un sueño, que se extravió tu oído:
> no aceptes tales vanas esperanzas.
> Como preparado desde tiempo atrás, como valiente,
> como te corresponde a ti que de tal ciudad fuiste digno,
> acércate resueltamente a la ventana,
> y escucha con emoción, y no
> con los ruegos y los lamentos de los cobardes,
> como último placer los sones,
> los maravillosos instrumentos del cortejo misterioso,
> y di adiós a Alejandría, que para siempre pierdes.

2. Al catalán

De Carles Riba
Poemes de Konstantino P. Kavafis, Curial, Barcelona, 1977

La traducción de Carles Riba está considerada una de las mejores que se hayan hecho de Cavafis a cualquier lengua. Riba había traducido a Homero y debió familiarizarse con el griego moderno para trabajar sobre Cavafis.

El déu abandona Antoni

Quan tot de sobte a hora de mitjanit se sent
invisible passar una colla
amb músiques descominals, amb crits—
la teva sort que ja cedeix, les tevas obres
que han fracassat, els plans d'una vida que tots
han acabat en pura il.lusió,
tot això, inútilment no ho ploris.
Com qui estè preparat de fa temps, amb coratge,
digues-li adéu, a aquesta Alexandría que fuig.
Sobretot no et creguis objecte de burla, no diguis
que era somni, que t'ha enganyat l'orella:
no t'acullis a unes esperances tan vanes.
Com qui està preparat de fa temps, amb coratge,
com escau a qui li fou dada una ciutat així,
acosta't fermament a la finestra

i escolta amb la conmoció que vulguis,
però no amb les súpliques i els playns dels pusil.lènimes,
escolta, com a últim goig teu, el clamoreig,
els portentosos instruments de la mística colla,
i digues-li adéu a l'Alexandria que perds.

3. Al italiano

De Filippo Maria Pontani
Poesie de Constantino Kavafis, Arnoldo Mondadori, Roma, 1961.

La edición de la poesía completa de Cavafis que hizo Pontani –casi veinte años antes a la primera en castellano de características similares– fue fundamental en la difusión del poeta en la Europa meridional. Se la considera una obra maestra, aún no superada en su lengua.

Il dio abbandona Antonio

Come s'udra, d'un tratto, a mezza notte,
invisibile tíaso passare
tra musiche mirabili, canoro,
la tua fortuna che trabocca ormai,
le opere fallite, i tuoi disegni
delusi tutti, non piangere in vano.
Come pronto da tempo, come un prode,

salutala, Alessandria che dilegua.
Non t'illudere piú, non dire: "è stato
un sogno", oppure "s'ingannò l'udito":
non piefare a cosí vuote speranza.
Como pronto da tempo, como un prode,
come s'adicce a te, cui fu donato
d'una cittè sí grande il provilegio,
va risoluto accanto alla finestra:
con emozione ascolta e senza preci,
senza le querimonie degl'imbelli,
quiasi a fruire di suprema goia, i suoni,
gli strumenti mirabili di quell'arcano tíaso,
e saluta Alessandria, che tu perdi.

4. Al inglés

De Rae Dalven

The Complete Poems of Cavafy, Harcourt, Brace & World, Inc., Nueva York, 1948

Existen varias traducciones al inglés de los "poemas canónicos" de Cavafis; según Joseph Brodsky, "las más satisfactorias son las de Rae Dalven, y la de Edmund Keele y Philip Sherrard". La cuarta edición de las versiones de Dalven, realizada en Nueva York en 1961, lleva el prólogo de W. H. Auden que hemos citado.

The god forsakes Antony

When suddenly at the midnight hour
an invisible troupe is heard passing
with exquisite music, with shouts—
do not mourn in vain ypur fortune failling you now,
your works that have failed, the plans of your life
that have all turned out to be illusions.
As if long prepared for this, as if courageous,
bid her farewell, the Alexandria that if leaving.
Above all do not fooled, do not tell yourself
it was only a dream, that your ears deceived you;
do not stoop to such vain hopes.
As if long prepared for this, as if courageous,
as it becomes you who are worthy of such a city;
approach the window firm step,
and listen with emotion, but not
whit the entreaties and complaints of the coward,
as a last enjoyment listen to the sounds,
the exquisite instruments of the mystical troupe,
and bid her farewell, the Alexandria you are losing.

Dominio argentino

Tres viajes (Sarmiento, Darío, Rusiñol)

I

Una cita de Sarmiento será la clave –en cierto matiz musical del término– del recorrido que pretendo emprender a partir de ella. Sarmiento se embarcó a finales de 1845 –el mismo año en que se publica *Facundo, civilización y barbarie*–, desde Valparaíso, en Chile, en un viaje que lo llevaría por varios países de América latina, Europa y parte de África. Cuando, ya entrado 1846, llega a Barcelona, desde Valencia, escribe: "Estoy, por fin, fuera de España; como sabéis, nosotros somos americanos, y los barceloneses catalanes; podemos, pues, murmurar a nuestras anchas de los que están allí en Montjuich con sus cañones apuntados sobre la ciudad. ¿Os acordáis del buen godo Rivadeneira [...]? Así son todos los catalanes; otra sangre, otra estirpe, otro idioma. No se hablan con los de Castilla sino por las troneras de los castillos.

"El aspecto de la ciudad es enteramente europeo; su Rambla asemeja un bulevar; sus marinos inundan las calles como en Havre o Burdeos, y el humo de las fábricas da al cielo tinte especial que nos hace sentir que el hombre máquina está debajo. La población es activa, industrial por instinto y fabricante por conveniencia. Aquí hay ómnibus, gas, vapor, seguros, tejidos, imprenta, humo y ruido; hay, pues, un pueblo europeo.

"No sé qué cosa de grandioso y atrevido hay en esta raza (...) Todas las empresas respiran grandeza. Están edificando un teatro, que pretende ser el más bello y el más grande de la Europa y del mundo..."[67]

Antes de Sarmiento, otros viajeros descubrieron que Cataluña era más europea que el resto de la Península Ibérica, y que en aspectos muy importantes el polo francés era allí más poderoso que el hispánico. Lo que interesa de esta cita es cómo ese movimiento de simpatía se produce precisamente por la *diferencia* entre Cataluña y el resto de España. Para Sarmiento, llegar a Barcelona es estar *por fin* fuera de España: esta exclamación adquiere, en Barcelona, un matiz de ironía y de deliberada ambigüedad. Es como si dijera: por fin estoy en una España que al mismo tiempo no lo es, en un territorio que, formando parte política de España, no es impermeable al progreso en todas sus formas: la industria, el comercio, la cultura. No es casualidad que Sarmiento cierre el párrafo aludiendo a la reconstrucción y ampliación del teatro del Liceo, tras el incendio de 1861. "Nosotros somos americanos y los barceloneses catalanes", escribe, y si nos preguntamos cuál es el vínculo de esta

---

[67] La primera edición del diario de viajes de Sarmiento se publicó bajo el título de *Viajes en Europa, África y América*, por la imprenta de Julio Belin y Cía., Santiago de Chile, 1849. Cito aquí por la reedición titulada *Viajes*, prólogo de Roy Bartholomew, Buenos Aires, 1981, pp. 230-31.

identificación deberíamos responder: estar, *por fin*, fuera de España. Para Cataluña, ese por fin es territorial; para la América española, histórico. Y, al mismo tiempo, la cruz de esa moneda: tanto Cataluña como los países americanos, emancipados éstos de la corona española, viven sujetos a Madrid: para Argentina –que es, en definitiva, en lo que Sarmiento piensa cuando escribe América o americanos– el vínculo ya no es institucional sino de herencia cultural.

Sarmiento, como los otros románticos argentinos –Esteban Echeverría, Juan Bautista Alberdi, José María Gutiérrez– se encontró con un país que, una vez declarada la independencia de España y ya consolidada en el campo de batalla, tenía todo prácticamente por hacer. Argentina, cuyo virreinato fue tardío y breve, era un país prácticamente despoblado, al que se denominaba, precisamente, "el desierto". Estos cuatro escritores se dieron a la tarea de pensar un país que estaba más en el futuro que en el pasado, que era antes proyecto que tradición, utopía que historia.

Fueron cuatro personalidades muy distintas, practicaron géneros literarios diversos y tenían temperamentos a veces opuestos. En ocasiones no resulta sencillo encontrar sus puntos en común, pero hay un aspecto en el que Echeverría, Alberdi, Gutiérrez y Sarmiento estuvieron de acuerdo: en el rechazo de la herencia española. Quizás no coincidían en lo que Argentina debía ser, pero sí en lo que debía no ser: una continuación de la cultura heredada de España. Una de las principales preocupaciones de Alberdi y de Sarmiento, hacia mediados del siglo XIX, era que Argentina, ya país soberano, no encontraba aún la manera de crear un perfil cultural propio: "La libertad era la palabra de orden en todo, menos en las formas del idioma y del arte: la democracia en las leyes, la aristocracia en las letras; independientes en política, colonos en literatura",[68] escribe Alberdi hacia 1850. Algunos años antes, en el curso de su célebre polémica con Andrés Bello, Sarmiento había dicho: "y en política y en legislación y en ciencias y en todo, sin excluir un solo ramo que tenga relación con el pensamiento, *tenemos que ir a mendigar a las puertas del extranjero las luces que nos niega nuestro propio idioma*. Parecía que en religión, en historia y costumbres nacionales hubiésemos de contentarnos con lo que la católica España nos diese de su propio caudal; pero desgraciadamente no es así. Los españoles de hoy traducen los escritores extranjeros que hablan de su propio país, y nunca tuvieron en religión un Bossuet, ni un Chateubriand, ni un Lanennais".[69]

Los ataques de Sarmiento a la cultura española e incluso a la lengua española son más que elocuentes. Los ejemplos son tantos que cuesta elegirlos. En 1843 escribe: "La civilización de un pueblo, para que sostenga el idioma en que está contenida, necesita estar de tal manera nutrida

---

[68] Juan Bautista Alberdi, *Obras selectas*, edición de Joaquín V. González, tomo V, Buenos Aires, Editorial "La Facultad", 1920, p. 156.
[69] D. F. Sarmiento, *Obras completas*, vol. I, Buenos Aires, Luz del Día, 1948-56, p. 222.

de ideas que ella sola abarque todos los ramos de la ciencia (...). ¿Es éste el rango de la civilización española?"[70] En 1844: "...porque, después de que el inmortal Cervantes escribió su *Don Quijote*, parece que el idioma se resistiese a producir composiciones en que brille el ingenio, el gusto y la novedad."[71] En 1846: "Después de Lope de Vega y Calderón, el español ha degenerado en dialecto inmanejable para la expresión de las ideas".[72] En 1856: "Si fuera posible cambiar idiomas voluntariamente, como se cambia la forma del vestido, el hombre de estado preponderría a cambiar el idioma inviable, por otro más conductor de conocimientos humanos".[73] En 1865: "Cervantes no pertenece a nación alguna: es gloria excelsa de la raza humana, y todas la reclaman. Creó a su paso en la tierra un idioma, porque los ángeles del cielo perfeccionan todo lo que tocan. Este idioma se llama el idioma de Cervantes, y ha sido momificado en su honor".[74] En 1866: "Me parece que el castellano mismo se ha de resistir a repetir en su lengua bozal algo que sea útil. (...) Se ha de volver mudo o decir las cosas al revés, para que el ánima de Cervantes o de Góngora no rabie".[75] En 1868: "El castellano en el es-

---

[70] *Ibídem*, vol. IV, pp. 124-125.
[71] *Ibídem*, vol. X, p. 64.
[72] *Ibídem*, vol. V, p. 139.
[73] *Ibídem*, vol. XII, p. 123.
[74] *Ibídem*, vol. XXI, p. 217.
[75] *Ibídem*, vol. XXIX, p. 173.

tado actual de su literatura escrita, no educa".[76] En 1870: "¿Se pueden organizar y desenvolver sociedades civilizadas con una lengua que, por bella que sea, no es órgano de transfusión del pensamiento moderno?".[77] En 1872: "La lengua de Cervantes es un viejo reloj *rouillé*, que está marcando todavía el siglo XVI. No saldrá de ahí. No se publican libros en España…".[78]

Siempre hay algo inquietante en los ataques de un escritor hacia su propia lengua. Sarmiento se ensaña con el idioma, que juzga no apto para transmitir conceptos y estéticas modernas. En esta imposible escisión, en esta necesidad de tomar distancia con respecto al instrumento mismo de la literatura, es posible que se cifre un rasgo pertinaz de la cultura y la producción literaria argentinas. En todo caso, define por primera vez la idea de que la modernidad de la lengua castellana no se producirá desde el centro sino desde la periferia. Y será precisamente el otro escritor a quien citaremos, Rubén Darío, el encargado de llevarla a España, a pesar del rechazo vehemente de que fue objeto al principio por Unamuno y Clarín.

---

[76] *Ibídem*, vol. XXX, p. 134.
[77] *Ibídem*, vol. XLVII, p. 22.
[78] *Ibídem*, vol. LI, p. 223.

II

Rubén Darío se embarca en Buenos Aires el 3 de diciembre de 1898 y desembarca en Barcelona el 1 de enero de 1899. Desde esta ciudad envió las primeras crónicas de su viaje al diario *La Nación* de Buenos Aires, más tarde reunidas en el volumen *España contemporánea*.[79] Al contrario del rechazo visceral que –todavía hoy– muchos castellanohablantes muestran frente al catalán la primera vez que visitan Barcelona, a Darío esa *diferencia* inmediatamente lo fascina. Del primer diálogo que oye en esta lengua dice: "Lástima es que no pueda darlo en catalán como lo oí, pues ganaría en hierro". Esto lo escucha antes de pisar tierra, entre la tripulación y los botes que se acercan al barco. Después hace un paseo por la Rambla y, de modo muy semejante a Sarmiento, lo atrae el aire de progreso y modernidad que se respira. Pero han pasado más de cincuenta años, y en la Barcelona que visita Darío esa atmósfera está cargada de un ideal anarquista y revolucionario: "triunfa un viento moderno que trae algo del porvenir; es lo Social que está en el ambiente; es la imposición del fenómeno futuro que se deja ver". Y más abajo: "Que la ciudad condal, que estos hombres fuertes de antiguo, que tuvieron poetas en el Roussillon y duques de Atenas, que anduvieron en cosas de conquistas y guerras por las

---

[79] Rubén Darío, *España contemporánea*, Madrid, La Lectura, 1901; cito según la edición de Lumen, Barcelona, 1987, con prólogo de Antonio Vilanova.

sendas del globo, y extendieron siempre su soberbia como una bandera; que esta tierra de trabajadores, de honradez artesana y de vanidad heroica, esté siempre de pie manifestando su musculatura y su empuje, no es extraño…".[80]

Darío ve con simpatía el sentimiento catalán de ser algo diferente del resto de España: "Observo que aquí da la nota imperante (…) una elevación y engrandecimiento del espíritu catalán sobre la nación entera, un deseo de que se consideren esas fuerzas y esas luces, aisladas del acervo común, solas en el grupo del reino, única y exclusivamente en Cataluña, de Cataluña y para Cataluña. (…) se va más allá de un deseo de autonomía, se llega hasta el más claro y convencido separatismo. Allí sospechamos algo de esto; pero aquí ello se toca, y nos hiere los ojos con su evidencia".[81] Por el mismo movimiento, comprende la animadversión que se percibe contra lo que viene de Madrid, de la Corte: "Y riente, alegre, bulliciosa, moderna, quizás un tanto afrancesada y por lo tanto graciosa, llena de elegancia, Barcelona sostiene lo que dice, y dice que habría hecho mucho más de lo que hoy nos asombra y nos encanta, si se lo hubiera permitido la tutela gubernativa […] y así, a pasos, a pasos cortos, han adelantado, se han puesto los catalanes a la cabeza".[82] Termina con un homenaje al modernismo catalán, representado en la figura de Santiago Rusiñol, a quien ensalza de este modo:

---

[80] "En Barcelona", *ibídem*, p. 34.
[81] *Ibídem*, p. 35.
[82] *Ibídem*, p. 36.

"por él los nuevos aprenden en ejemplo vivo que el ser artista no está en mimar una bohemia de cabellos largos y ropas descuidadas y consumir *bocks* de cerveza y litros de ajenjo en los cafés y *cabarets*, sino en practicar la religión de la Belleza y de la Verdad [...] Rusiñol es floración magnífica que significa el triunfo de la vida moderna y la promesa del futuro en un país en donde sociológica y mentalmente se ejerce y cultiva ese don que da siempre la victoria: la fuerza".

Darío, principal representante del modernismo, cuyo ideal era la puesta al día de la poesía y de la lengua literaria en castellano, se siente visiblemente más identificado con el modernismo catalán, representado por Rusiñol, que con cualquier artista o escritor de la España castellana. Basta ver el contraste con el tono que predomina en su siguiente crónica, fechada en Madrid tres días más tarde: "Hay en la atmósfera una exhalación de organismo descompuesto. He buscado en el horizonte español las cimas que dejara no hace mucho tiempo, en todas las manifestaciones del alma nacional (...) No está por cierto España para literaturas, amputada, doliente, vencida; pero los políticos del día parece que para nada se diesen cuenta del menoscabo, y agotan sus energías en chicanas interiores, sin preocuparse de la suerte común...".[83] Y es que, cercano también en esto a Sarmiento, aunque más prudente en el tono, Darío no veneraba precisamente la herencia española reciente: "Yo hacía

---

[83] "Madrid", en *ibídem*, p. 43.

todo el daño que me era posible al dogmatismo hispano, al anquilosamiento académico, a la tradición hermosillesca, a lo pseudoclásico, a lo pseudorromántico, a lo pseudorrealista y naturalista y ponía a más raros de Francia, de Italia, de Inglaterra, de Rusia, de Escandinavia, de Bélgica y aun de Portugal, sobre mi cabeza", escribió en su autobiografía, evocando los años de escritura de *Los raros* (1905).[84] Por esto, entre otras cosas, Leopoldo Lugones pudo afirmar en 1911 que Sarmiento fue "un precursor de Rubén Darío".[85]

De modo que el primero en señalar el deber americano de renovar la lengua castellana y aquel poeta que, hacia finales de siglo, llevaría a cabo esa renovación, coinciden casi literalmente en su admiración por Barcelona, por la ciudad que, sin dejar de ser España, es ya otra cosa, una estación intermedia o, mejor, como una zona de transición entre el atraso español y la modernidad, eso que Darío llama "el fenómeno futuro". Fenómeno que se deja ver en Barcelona contra la "exhalación de organismo descompuesto" de Madrid. Barcelona ocupa en el imaginario de Sarmiento y en el de Darío un lugar semejante al del ideal lingüístico y cultural que fomentaban: algo que es a la vez propio y ajeno, en el que sin salir del ámbito ibérico se está ya, sin embargo, *fuera de España*; donde los rasgos de la identidad

---

[84] *La vida de Rubén Darío escrita por él mismo* (1912), Caracas, Biblioteca Ayacucho, 1991, p. 92.
[85] Leopoldo Lugones, *Historia de Sarmiento* (1911), Buenos Aires, Academia Argentina de Letras, 1988, p. 163.

hispánica no son incompatibles con la aspiración a una sincronía estética y cultural con Europa. Donde, así como en un sentido espacial, si se va desde Madrid o Valencia hacia Francia se pasa por Barcelona, el viaje de América latina hacia su proyecto pasaba por un castellano que, liberado de la jurisdicción de la Academia de Madrid, se convertía en una lengua moderna, en la que fuera posible razonar más que rezar, negociar en vez de emitir edictos reales, crear poesía nueva más que repetir la retórica del pasado.

III

Esta proporcionalidad entre las posiciones de Cataluña y el Río de la Plata con respecto a España fue percibida también desde el ámbito catalán, aunque con la lógica diferencia de matices e intereses. Gabriel Ferrater declaraba en una entrevista realizada por el mexicano Federico Campbell en la década de 1960: "Podría decir que me interesan muchísimo más los escritores hispanoamericanos que los españoles. Uno de los grandes poemas que más me han influido y que releo muy a menudo es el *Martín Fierro*. Para mí, personalmente, es más importante que cualquier poema español del siglo pasado o del actual".[86] Lo que podría tomarse como

---

[86] Gabriel Ferrater, *Papers, cartas, paraules*, Barcelona, Quaderns Crema, 1986, p. 509.

una excentricidad si no se conoce la poesía y el pensamiento de Ferrater, centrados casi por completo en la resolución de un problema estético fundamental para su generación, tanto en castellano como en catalán: el de cómo llevar a la poesía la lengua coloquial, sin rebajar por ello la densidad simbólica ni el rigor formal. Ferrater creía ver en *Martín Fierro* un antecedente curioso de un poema largo que contaba una peripecia completa en la que fue, aproximadamente, la lengua del héroe que la protagonizó. Salvando las distancias, el *Poema inacabat* de Ferrater, su obra más extensa, no carece de puntos de contacto: si bien la entonación es paródica, adopta un modelo épico medieval para tratar de contar la aventura de un hombre de su tiempo, un catalán que tiene cuarenta años en los setenta, en la lengua que se habla en su época. A diferencia de muchos poetas que practicaban y practican el coloquialismo, Ferrater era consciente de que escribir poesía en la lengua coloquial es una operación bastante compleja, no basta con renunciar a los cultismos y limitarse al idioma de la calle, incorporando tres o cuatro términos de argot. La lengua poética, cualquiera sea su registro, es siempre una *construcción*, y de allí su interés por el *Martín Fierro*, un artefacto literario de muy curiosa factura, que trata de impostar, en segunda mitad del siglo XIX, el tono de gesta legendaria de las grandes epopeyas medievales.

Hay un segundo pasaje en su dispersa obra crítica en el que Ferrater se refiere a la literatura argentina, y nuevamente se trata de un episodio singularmente relacionado con la lengua literaria. En un artículo de 1966 sobre Gombrowicz, se refiere a la famosa traducción argentina de *Ferdidurke*, llevada a cabo por un comité de escritores, entre los que se encontraban el cubano Virgilio Piñera y el propio Gombrowicz. Escribe Ferrater: "Así empezó la aventura apasionante, la *liaison* de Gombrowicz con una nueva lengua literaria. Su fruto, el *Ferdidurke* castellano, es fácil conocerlo. Y es admirable. No es una mera traducción (…) Poco tiene que importarnos el que un libro polaco sea el arranque del libro español, y mucho menos el que Gombrowicz tuviera que pedir ayuda a un grupo de amigos… El caso es que el libro es español, y que lo escribió Gombrowicz 'luchando con la sintaxis, con los neologismos, con el espíritu de la lengua'. Quedan rastros de la lucha: en unas páginas por ejemplo, se vosea, en otras no. Pero solo a los pedantes puede ofender. A quien posea sensibilidad literaria, por el contrario, le fascinará ver cómo (…) se obliga al castellano a ponerse maleable y a verterse en un nuevo molde".[87]

Como señaló Nora Catelli,[88] esta afirmación de Ferrater adelanta la de Ricardo Piglia, quien da un paso más en la misma dirección para afirmar que la traducción de *Ferdidurke*, publicada en Buenos Aires en 1947, pertenece no ya

---

[87] *Ibídem*, p. 193.
[88] En *Punto de vista*, Buenos Aires, nº 64.

a la literatura en castellano sino más específicamente al ámbito argentino: "El *Ferdidurke* 'argentino' de Gombrowicz es uno de los textos más singulares de nuestra literatura".[89] No por el hecho de haberse realizado en Argentina a partir de un original polaco y de una primera versión al castellano de un escritor que apenas conocía esta lengua, sino porque, en la argumentación de Piglia, la literatura argentina tiene algo intrínseco que la vincula a la traslación, a la traducción. La lengua literaria argentina sería la traducción de algo que está antes, de un original perdido. Así se explica la insistencia de Borges en decir que su primera lectura del *Quijote* fue en inglés y que cuando lo leyó en castellano le pareció una mala traducción (broma en la que está ya, en germen, la idea de su "Pierre Menard, autor del *Quijote*"). Para Piglia, además, hay algo en que la literatura polaca y la argentina podrían aproximarse: "Pueblos de frontera, que se manejan entre dos historias, en dos tiempos y a menudo en dos lenguas". Estas mismas palabras valdrían para Cataluña.

Sarmiento frente a la reconstrucción del Liceo o Rubén Darío saludando a Santiago Rusiñol, de un lado; y Ferrater frente al *Martín Fierro* o al tipo de figura poética que Borges representaba para él (en el poema "Los aristócratas"), del otro, son ejemplos de cómo dos culturas marcadas por las circunstancias de lo periférico pueden reflejarse y tomarse como imagen.

---

[89] "La novela polaca" (1986), en *Formas breves*, Barcelona, Anagrama, 2000, p. 78.

IV

Rubén Darío rendía homenaje, en la figura de Rusiñol, al modernismo catalán: gesto no poco significativo, porque allí Darío muestra que la barrera de la lengua que lo separa de Rusiñol es menos poderosa que los abismos de talante que lo alejan de Unamuno, Valera o Clarín. Diez años más tarde, en 1910, Rusiñol visitó Buenos Aires, entre las numerosas personalidades invitadas a los festejos del Centenario de la Revolución de Mayo. Y lo que Rusiñol experimenta en Argentina dista mucho del entusiasmo rubendariano en Barcelona. Rusiñol viaja desde el puerto de esta ciudad en un barco de bandera italiana, cuyo pasaje estaba compuesto en su mayor parte por inmigrantes de diversas nacionalidades europeas. Llegado a Buenos Aires, se deja guiar por el rastro de esa gente pobrísima que lo había acompañado durante la larga travesía. En la Dársena Norte se encuentra con el Hotel de Inmigrantes, el enorme edificio construido por el Estado argentino en el que los recién llegados pasaban sus primeras noches, en habitaciones como cuadras de cuartel, con cientos de camas cada una. Así lo ve Rusiñol:

"Redondo como un circo de tablones, del color de barco abandonado, la altura de cuatro pisos, en medio de aquel campo de desolación, teniendo como fondo las grúas de los muelles y una ringlera de cobertizos, parece tanto una inmensa boya que las olas hubieran llevado a tierra como un cine ruinoso, un faro apagado, un gran monstruo. Dentro de este edificio hay un patio cuadrado y un foso: uno rodeado de comedores, el otro de dormitorios. Hemos visto muchos patios de miseria, pero como éste, tan frío, tan simétrico, tan tristemente administrativo, tan del color de pobreza, tan de limpieza *higiénica*, de uniformidad metódica, de color urbano, de orden civil, no habíamos visto ninguno. Y no creemos verlo; y hemos visto interiores pobres, pero como este fondo de pileta, tan del color de madera muerta, de caridad hospitalaria, tan envuelto y numerado de establos humanos en hileras, ni en las ciudades ideales del comunismo más utópico se podría soñar con algo así".[90]

Sorprendente clarividencia, la de Rusiñol: ve, en el próspero y orgulloso Buenos Aires de 1910, la decadencia de la Argentina que será, con su hipertrofia capitalina y su promesa de un futuro rural que no existe para los inmigrantes, puesto que cuando llegan la tierra ya está repartida en unos pocos latifundios de dimensiones inverosímiles. Y ve más: ve en el Hotel de Inmigrantes una premonición del futuro concentracionario de Europa, de la criminal ingeniería social del comunismo. Rusiñol no se deja llevar por la euforia superficial del europeo en América; no ve en Argentina el reverdecimiento del Viejo Continente, la "nueva Atenas" que,

---

[90] Santiago Rusiñol, *Del Born al Plata* (1911), III edición, Barcelona, Antoni López (sin fecha). Mi traducción.

por esas mismas fechas, proclamaba Leopoldo Lugones; ve la cifra del ocaso de Occidente. Ve los escombros sangrantes de la modernidad, la ruina de las ilusiones de progreso, que en 1910 todavía tenían mucho camino por recorrer.

En *L'erosió*,[91] Antoni Martí sigue el rastro de Rusiñol en Buenos Aires. El libro de Martí surge del segundo viaje que este joven escritor valenciano realizó a Argentina, en 1998. Martí persigue el rastro de Rusiñol, de Josep Pla en Argentina: como escritor en catalán, éstos son sus maestros, y él hace la operación de enfrentarse con esos fantasmas, no en el Ateneo de Barcelona (donde Pla tenía su tertulia y sus partidas de ajedrez) o frente al Mediterráneo en Sitges (donde está la casa que fuera de Rusiñol), sino en los cafés de la Avenida de Mayo de Buenos Aires, donde su estela es más sutil y acaso por eso mismo más significativa. Para eso hay que mirar, hay que comparar esas Buenos Aires tan distintas y tan inmutables, la de 1910 que vio Rusiñol, la de los años cincuenta que vio Pla ("Por momentos, esta ciudad tan grande, tan desorbitada, parece vivir en un estado de inmovilismo considerable", dice Pla citado por Martí), la de finales de siglo XX, que ve el propio Martí. Hay que saber reflejarse en ese territorio limítrofe, en esa zona de transición entre lo propio y lo ajeno que es Buenos Aires para un catalán, que es Barcelona para un argentino.

---

[91] Antoni Martí Monterde, *L'erosió, Un viatge literari a Buenos Aires*, Barcelona, Edicions 62, 2001.

El libro de Martí es el último eslabón de una cadena de miradas cruzadas entre Argentina y Cataluña. Lecciones de frontera, quizás las más difíciles y, por lo mismo, las perdurables.

Ricardo E. Molinari: el solitario y los puentes

I
Los dos polos del posmodernismo

Discutirán aún los filólogos acerca de si hay que hablar en España de modernismo o de generación del 98 o de las dos cosas porque son distintas. Lo cierto es que la parte principal de las inquietudes que impulsaron el movimiento nucleado en torno a Darío fueron compartidas en el ámbito entero de la lengua castellana, y que su huella fue asimismo profunda en todo ese orbe. Por eso se habla también de un posmodernismo; de lo que, viniendo después del modernismo, no hubiera podido suceder sin esa sacudida definitiva de las fuentes dormidas de la poesía en castellano. El momento posmodernista, que se inicia hacia finales de la segunda década del siglo (Darío había muerto en 1916), también presentó algunos rasgos comunes en las búsquedas peninsulares y americanas.

Es un capítulo que en España incluyó a los poetas de la denominada generación del 27, y en América –aunque no existió un movimiento orgánico– a Vallejo, Huidobro, el primer Borges y casi toda la obra de Ricardo E. Molinari (1898-1997). Un conjunto heterogéneo que, sin embargo, debió afrontar una misma tensión entre dos polos: por un lado, cierta sobriedad que, tras la bacanal rubendariana, se buscaba en las formas tradicionales, de allí que abundaran no sólo los sonetos sino también los romances, canciones y glosas de villancicos; por otro, el ya imparable impulso vanguardista, que radicalizaba una de las vetas del romanticismo –la de la originalidad, la del talento individual *contra* la tradición.

Sólo entre esas fuerzas opuestas puede explicarse que César Vallejo pasara en unos pocos años de la prosodia aún rubendariana de sus *Heraldos negros* a la sorprendente invención de *Trilce*; sólo en ese campo magnético García Lorca podía atravesar en un par de años la distancia que va de su romanticismo filogitano al ferviente surrealismo de *Poeta en Nueva York*. En esa misma tensión entre la forma tradicional y el desborde está toda la poesía de Ricardo Molinari. Pero lo singular en él es que no se resuelve hacia una superación –pasando, como Vallejo y Lorca, de lo anterior a lo novedoso, de la tradición a la vanguardia– sino que mantiene la fricción de fuerzas y la cultiva a lo largo de toda su obra, en la oscilación entre el soneto y el versículo, entre la glosa del cancionero y la imitación de Stefan George, entre el romance y lo que llamó "sombra de romance" y que se escribe en versículo libre.

Algo de esta situación se anunciaba desde las "Palabras liminares" de Darío a *Prosas profanas* (1896): "¿Y la cuestión métrica? ¿Y el ritmo? Como cada palabra tiene un alma, hay en cada verso, además de la armonía verbal, una melodía ideal. La música es sólo de la idea, muchas veces". Molinari tomó seguramente de Darío el rescate del verso de arte mayor de la tradición española, base del metro variable y dúctil de sus formas libres, como en el "Poema de la niña velazqueña", de su primer libro:

> Ah, si el pueblo fuera tan pequeño
> que todas sus calles pasaran por mi puerta.

II
Gongorino en el '27

Los títulos de los libros de Molinari revelan su impulso de acercamiento a la tradición, en sus formas más arraigadas y en sus nombres más representativos: *Cancionero del Príncipe de Vergara* (1933), *Cásida de la bailarina* (1937), *Elegías de las altas torres* (1937), *Dos sonetos* (1939), *Cinco canciones antiguas de amigo* (1939), *Elegía a Garcilaso* (1939), *Oda de amor* (1940), *Oda a orillas de un viejo río* (1940), *Sonetos a una camelia cortada* (1949), *Oda* (1954), *Romances de las palmas y los laureles* (1955), *Cinco canciones a una paloma que es el alma* (1956). En una época de ímpetu vanguardista, de manifiestos y experimentos —como la ortografía criollista del primer Borges—, Molinari prefiere la sobriedad, la contención. Es una de esas raras figuras que, en América Latina, asumió el cultivo y el resguardo de una poesía hecha como desde adentro de la lengua y de su herencia poética; un caso cercano es el del cubano Eugenio Florit.

Por eso su inserción en el grupo de los ultraístas porteños, nucleados en torno a la revista *Martín Fierro*, fue tardía y sesgada. *Martín Fierro* había empezado a salir en 1924, y Molinari no colaboró en ella hasta 1927, cuando la publicación decaía. Ese mismo año sacó su primer poemario, *El imaginero* –con ilustraciones de Norah Borges–, en Proa, la editorial que dos años antes se había estrenado con otro libro en el cruce entre tradición y vanguardia: *Don Segundo Sombra* de Güiraldes. Es significativo que su primer artículo en *Martín Fierro*, y justamente en 1927, contenga una reivindicación de Luis de Góngora, "que ha sido y será siempre el mayor poeta de la lengua española". No sólo por la forma en que conecta con las inquietudes de los jóvenes poetas de España, que en torno a la celebración del tercer centenario de la muerte de Góngora plantean su dogma estético, sino además porque, en un medio aún dominado por los accesos de hispanofobia –Borges, por ejemplo, escribía en 1927 que Madrid era una ciudad "sin más elaboración intelectual que las greguerías"– se apartó de esa tendencia en la idea de que, con el modernismo recién liquidado, todo el mapa de la lengua castellana se enfrentaba a inquietudes y desafíos semejantes.

En los poemas de los años veinte destaca la afinidad con Jorge Guillén, no sólo en el contenido –esa felicidad ontológica, más o menos deliberadamente ingenua, que exalta el mediodía y la transparencia de la luz– sino además, y sobre todo, en la voluntad de llevar el octosílabo al límite de sus posibilidades, con una gramática tensada al máximo (donde un sustantivo puede hacer de adjetivo: "el navío brazo..."):

Ocioso canto. Cantar
al día, que tiene nubes
y soles y el ulular
del aire entero. Hoy subes
a mí, canto, y soy dichoso,
porque me alejas de la muerte
íntima. Sí, silencioso
y puro. ¡Alegre suerte!
El navío brazo busque
un golfo claro. Ofrecido
sueño, siempre. No lo ofusque
lo ausente, espere herido...

III
Jarchas y Walt Whitman

No sólo la revalorización del barroco, sino también el entusiasmo por la poesía de raíz popular eran los intereses que lo unían a sus coetáneos españoles. Por los mismos años en que Dámaso Alonso trabaja en su famoso estudio *Poesía de la Edad Media y poesía de tipo tradicional*, Molinari recupera antiguos romances tradicionales de Argentina para componer, por ejemplo, su "Elegía a la ciudad de Esteco", localidad salteña destruida por un terremoto en 1692. En los años cuarenta el azar de la investigación filológica favorece el reencuentro entre lo popular y lo culto, pues se descubren las jarchas –embrión del verso castellano– y la poesía medieval despierta de un letargo que duraba desde su notorio influjo en las grandes figuras del barroco. Es el momento en que el poema adquiere espesor histórico y funde en sí todas las tendencias; el momento en que los poetas de la lengua castellana confirman lo que intuían: que la división entre poesía popular y culta era mucho menos tajante de lo que se había creído, ya que el origen es común. Así, Molinari evoca el villancico medieval, pero en un camino de vuelta que pasa por el refinamiento de San Juan de la Cruz (en "Cinco canciones a una paloma que es el alma"):

Al aire, en el aire,
sale la paloma
subidora.

¡Al aire, el aire,
la paloma corredora!

Por el aire una nube
la devora.

Molinari abraza esta imbricación entre origen popular y tratamiento culto, y la lleva a su tiempo y espacio en una inspiración de paisaje e historia argentina para unos poemas de desarrollo muy libre. Aparece ahí una conjunción de acento whitmaniano e imagen creacionista o surrealista, en la imantación entre forma y objeto en que el verso se alarga para cantar el extenso paisaje americano. El registro que caracterizará los faraónicos proyectos del Neruda de los años cincuenta (las *Odas fundamentales*, el *Canto general*) está ya –quince años antes–, más contenido y certero, libre mesianismo en Molinari, por ejemplo en la "Oda a los viejos y grandes ríos":

Oh, dulce Paraná!, flor, río, padre de islas y largas costas,
enaltecido por los ancianos bardos de mi país;
ciego en tu eternidad, acaricias tus ciudades
como a una inmensa piel abandonada. Ellas te miran pasar
por debajo de hermosos árboles,
sobrio, con tu canasta de raíces y flores azules.

(Qué distinta a la visión del Paraná del andaluz exiliado Alberti, que embalsa el gran río en octosílabos:

¡Bañado del Paraná!
Desde un balcón mira un hombre
el viento que viene y va.)

O como en este pasaje de "Oda a la sangre":

Esta noche en que el corazón me hincha la boca duramente,
sin pudor, sin nadie, quisiera ver mi sangre corriendo por
/la tierra:
 golpeando su cuerpo de flor,
–de soledad perdida e inaguantable–
para quejarse angustiosamente
y poder llorar la huida de otros días,
el color áspero de mis viejas venas.

IV
Sur y soledad

Molinari viajó por primera vez a Europa en 1933, y en España fue amigo de García Lorca –que ilustró la portada de *Una rosa para Stefan George*, libro de 1934–, y a quien años después Molinari dedicaría su "Elegía y qasida a la muerte de un poeta español":

No son pastores los que se lamentan
en la tarde rojiza de esta edad
(...)
¡Oh azucena dulce de la muerte!

Además conoció a Alberti (quien ilustró otro de sus libros, *Seis cantares de la memoria*, 1941), Moreno Villa y Gerardo Diego; a éste dedicó varias de sus poesías de esa década. No se sabe, en cambio, que haya conocido a Luis Cernuda –otro notorio representante del salto desde la investigación de las formas tradicionales al impulso de modernidad definitiva–, con quien sin embargo parece unirlo cierta comunidad de intereses. Es curioso que uno se afirme en ese "sur tormentoso" en el que el otro quisiera "estar confundido". Escribe Molinari en su "Oda a un instante de otoño":

> En el sur tormentoso estoy viviendo; donde el polvo cubre hasta la hez la hoja,
> y la sal muerde la raíz desesperada...

Y en la "Oda a la sangre":

> Quisiera estar desnudo, solo, alegre,
> para quitarme la sombra de la muerte
> como una enorme y desdichada nube destruida.

Y le *contesta* Cernuda en "Quisiera estar solo en el sur" (poema de *Un río, un amor*, de 1929, algo anterior a los citados de Molinari, y por eso ceñido aún a la prosodia del alejandrino):

En el sur tan distante quiero estar confundido
la lluvia allí no es más que una rosa entreabierta
su niebla misma ríe risa blanca en el viento
su oscuridad su luz son bellezas iguales.

La insistencia del impulso de soledad: en Molinari, como en Cernuda, la soledad aparece como parte esencial del destino del poeta. En ambos casos hay algo que invita a recordar aquella irónica sugerencia de Montale: "...creo que el arte es la forma de vida de quien en realidad no vive, una compensación o subrogación (...) pero el poeta no tiene necesidad de renunciar a la vida. Es la vida la que se encarga de esquivarlo". Y Molinari, en *Hostería de la rosa y del clavel* (1933):

la poesía estéril que me entretiene,
la que no gusta a nadie:
¿a quién le agrada una fábula de arena,
una cavidad en el agua,
un desierto más. –Una llave en el fondo
de mi bolsillo, al encuentro de mis dedos;
el círculo con su serpiente que se muerde,
el humo de mi cigarrillo
que va saliendo por una ventana. Mi soledad,
este atardecer que me trae un traje duro, y un libro
pequeño sobre una tabla.
Imágenes, papel, una botella tirada

en el mar,
como un pensamiento indiferente. ¡Ulises
apretado a un álamo!

V
Entre generaciones

La generación argentina del 40, la de Olga Orozco y Enrique Molina, reconoció en Molinari a su maestro. Él parecía sentirse cómodo en ese papel de puente entre ambas promociones: "Pertenezco literariamente a la generación que fue denominada *Nueva*, y luego *del 22*, y también de *Martín Fierro*. A la nuestra (...) acompaña otra (...) distinguida como generación del 40. Llegó sin insurrección, carente de ambiciones inmediatas. Rica de apacibilidad. Decorosa. Sin infructíferos trastornos, negaciones. Tampoco se le ocurrió menguar la claridad con el envés de la mano. Entró para abrir los nuevos sentidos en el pasado, a un levísimo transcurrir, de contemplar las cosas que el tiempo lleva en su nostalgia lenta y melancólica". Esos "infructíferos trastornos", que no podían sino molestar a una personalidad como la de Molinari, eran, como es obvio, los manifiestos, proclamas y escaramuzas literarias de los años veinte. Apartado y silencioso, construía su propio ensamble entre la tradición de la lengua, la sensibilidad heredada del simbolismo francés y la nueva poesía argentina.

VI
Trovar clus y *bibliofilia*

"Abrir los nuevos sentidos en el pasado": ¿No hay en esta consigna, que casi podría encabezar la entera obra de Molinari, algo (el uso de *en* donde debería ir *hacia* o *desde*: la ambigüedad apostada a un juego de preposiciones) que recuerda esa apodíctica oscuridad en la prosa y la poesía del otro gran gongorino de América, el cubano Lezama Lima? Es interesante ver su interés por el *trovar clus* como recurso al mismo tiempo estético e ideológico. Si el hermetismo es inherente a la radicalización del simbolismo, que tiende a eclipsar en el verso toda instancia comunicativa asimilable al lenguaje común, en Molinari se conjuga con su tendencia a sustraer la palabra poética del comercio cotidiano del mundo. La poesía de Molinari es oscura por el mismo motivo por el que sus libros se publicaron casi siempre en ediciones de autor, con una tipografía y unas ilustraciones cuidadísimas, con unas tiradas muy limitadas, que hacían de cada ejemplar un objeto prácticamente irrepetible. Lo contrario de lo que tiende a hacer la industria editorial, que quita al libro toda singularidad como consecuencia de su potencial reproducción infinita, y de su carácter efímero e inmediatamente sustituible. Así resumió su posición Molinari: "Poesía es arte de minoría. De ámbito particular".

Una buena parte de sus libros son inhallables. Como si hubiesen sido escritos para unos pocos amigos, y sólo realmente se hubieran puesto en circulación en algunos volúmenes recopilatorios, como *Obra poética* (1973), y antológicos, como *Un día, el tiempo, las nubes*, que publicó Sur en 1964. Dificultad de acceso físico e intelectual: libros muy cuidados y de escasa tirada, versos oscuros y densos de resonancias. Alfonso Reyes también puso en relación estos rasgos cuando escribió acerca de Molinari, en 1951: "...Y aquí empieza lo de si se entiende o no se entiende. Por lo cual (...) que nadie confunda poesía con las cuentas de la lavandera (...). Ahora ya estoy por jurar que no sólo es palabra, sino palabra impresa, bien impresa (...). Ahora pienso que el poeta no es ya sólo músico, no sólo trabaja con aire modulado, sino que también es impresor o componedor de páginas con tipos".

VII
Un proyecto nacional

En esa actitud, Molinari no dejó nunca de ser no tanto hombre de *Martín Fierro* como de *Sur*, en cuanto a la defensa de un concepto elevado de literatura nacional. Un proyecto que, por otra parte, tuvo diversos foros en Latinoamérica durante la primera mitad del siglo, como los *Contemporáneos* de México, u *Orígenes* en Cuba. La literatura americana tuvo que forjar su propia cronología: en el siglo XIX ya no era posible formular una épica en sincronía con la formación de las nacionalidades. Los héroes americanos –en Argentina, los generales o caudillos que lucharon en las guerras de la Independencia o en la casi ininterrumpida guerra civil que le siguió durante cuatro décadas– fueron reflejados por la poesía en formas líricas, tardorrománticas, en las que la peripecia del guerrero glorioso es antes un emblema de la fatalidad del destino individual que la cifra de un sujeto comunitario.

Uno de los próceres argentinos con mayor prosapia literaria es el caudillo Facundo Quiroga, acerca de quien, con una inestable mezcla de devoción y repugnancia, Sarmiento escribió *Facundo*. En 1925 Borges incluyó en *Luna de enfrente* el poema "El general Quiroga va en coche al muere":

Pero al brillar el día sobre Barranca Yaco
hierros que no perdonan arreciaron sobre él;
la muerte, que es de todos, arreó con el riojano
y una de puñaladas lo mentó a Juan Manuel.

Casi treinta años después, en 1953, Molinari escribió "Barranca Yaco":

¡Y fue frente a estos montes, donde a Facundo le huyeron
el alma como un pájaro que se retira sobre las hierbas!

Ha parado el viento; y recogemos unos claveles
del campo y los juntamos a una ofrenda de camino.

Acallados, quizás recen ellos; yo, con los pies acerco unas piedras brillantes a las flores.

Y sentimos atravesar el tiempo, los pájaros, en la larga claridad del cielo.

¡Barranca, Barranca Yaco!

Cuando en 1965 la editorial Sur publica una selección personal de su obra –*Un día, el tiempo, las nubes*–, Alejandra Pizarnik[92] define a Molinari como "el más celebrado poeta argentino", y escribe: "Pocos como él han arrancado del idioma español una música tan sutil"; pero agrega, acerca de la obra posterior a 1945, que hay "inflación de las formas en detrimento de los significados" y "son los [poemas] de un sobreviviente de sí mismo que trata de imitarse". Ni la longevidad ni la supervivencia "de sí mismo" eran precisamente atractivas para Pizarnik; pero es significativa la manera en que admira la naturalidad con que el poeta puede habitar en la lengua: "En sus mejores poemas, Molinari mueve el idioma como quien mueve con la mano el agua clara de un río" –una facilidad que Pizarnik no poseía y que acaso la atraía y repugnaba a la vez. El lugar de Molinari: una *continuidad* tensada –pero nunca

---

[92] En la revista *Zona Franca*, año 2, nº 28, Caracas, octubre de 1965. Recogido en Alejandra Pizarnik, *Prosa completa*, Barcelona, Lumen, 2002.

rota– entre tradición y vanguardia. "Mover el idioma" fue su posibilidad y su apuesta, y en eso fue acaso el último de su estirpe.

En el espejo de Alejandra Pizarnik

I
En la ciudadela interior

La primera evidencia en la obra de Pizarnik es la falta completa de referencias externas: sus paisajes son mentales, abstractos, no remiten más que a la fantasía de Pizarnik, a su mundo interior, a sus visiones oníricas. Sabemos, por ejemplo, que en la década de 1960 vivió varios años en París; pero en vano buscaremos en su poesía algún indicio de esa estadía, el nombre de una calle o de un museo, la mesa de algún bar del Boulevard Saint Germain que visitaba, el intercambio de miradas en el Café de Flore con Georges Bataille o Simone de Beauvoir, en cambio, que su diario registra. Sus poemas parisinos no están marcados por nada distinto de sus poemas porteños. Si acaso, el indicio viene dado por las dedicatorias, a Julio Cortázar o a André Pieyre de Mandiargues, escritores a los que frecuentó mientras vivió en París. Pizarnik no parece haber encontrado en el mundo ningún objeto más fascinante que Pizarnik o, mejor dicho, que las diversas representaciones de Alejandra que aparecen en sus poemas.

Uno de los "descubridores" de Isidore Ducasse, Remy de Gourmont, escribió en 1891 acerca de *Los cantos de Maldoror*: "Lautréamont no ve en el mundo otra cosa que él y

Dios –y Dios le repugna" (*et Dieu le gène*). Podríamos decir que Pizarnik sólo ve en el mundo a Alejandra y a su muerte, y esa muerte no le repugna; al contrario, le atrae mucho, entre otras cosas porque es la suya propia, porque forma parte de su mundo y de su personaje poético. Esta presencia excluyente de Alejandra acapara todos los recursos de Pizarnik; por ejemplo, la manera en que usa la segunda persona, que es siempre una invocación a sí misma, nunca a un "tú" distinto de quien enuncia el poema. Esto se hace explícito sobre todo en algunos pasajes muy elocuentes de *Extracción de la piedra de locura* (1968), como en el fragmento XVI de la III sección, titulada "Caminos del espejo" (título en el que, por otra parte, la referencia a Narciso –en la que después nos detendremos– es evidente):

> Mi caída sin fin a mi caída sin fin en donde nadie me aguardó pues al mirar quien me aguardaba no vi otra cosa que a mí misma.

Se oye aquí la evocación de los versos finales de uno de los sonetos más conocidos de Quevedo, el "Salmo XVII", que empieza: "Miré los muros de la patria mía/ si un tiempo fuertes ya desmoronados..." y termina: "Y no hallé cosa en que poner los ojos/ que no fuese recuerdo de la muerte". Donde Quevedo ve los muros de la patria, Alejandra ve la ciudadela interior, ve ese sí misma que es también un recuerdo de la muerte, una premonición de la propia muerte.

En el fragmento anterior al que hemos citado, el XV de "Caminos del espejo", escribe:

> Delicia de perderse en la imagen presentida. Yo me levanté de mi cadáver, yo fui en busca de quien soy. Peregrina de mí, he ido hacia la que duerme en un país al viento.

Aquí se condensan buena parte de las claves poéticas de Pizarnik. "Delicia de perderse en la imagen presentida": todo el programa surrealista cabe en esta fórmula. Y deja ver, de paso, cómo el surrealismo fue un aflojamiento del simbolismo, un simbolismo ya un poco a la ligera, puesto que Rimbaud y Mallarmé cultivaron mucho la "imagen presentida", pero no se permitieron la "delicia" de "perderse" en ella sin la condición de darle un sentido y una forma que el surrealismo, con su culto exacerbado y excluyente por todo lo que pusiera de manifiesto la sensibilidad del poeta, disipó por completo. Sin embargo, los poemas de Pizarnik buscan una precisión que, en lo formal, la alejan del surrealismo; es decir, el imaginario, el substrato, las lecturas son surrealistas, pero la construcción del poema ya no lo es. Esto se debe en buena parte a la brevedad, a la concentración de sus textos; como señala César Aira, en Pizarnik "faltó siempre el impulso narrativo que caracterizó a otros surrealistas argentinos, como Orozco o Molina",[93] más cercanos a la tesitura de la escritura automática.

---

[93] César Aira, *Alejandra Pizarnik*. Rosario, Beatriz Viterbo, 1998, p. 19.

"Delicia de perderse en la imagen presentida" podría ser, además, la divisa de Narciso, para quien la "imagen presentida" es reflejo de su rostro, y el perderse en ella es al principio delicia y al final la muerte. Por eso en la segunda frase se lee: "Yo me levanté de mi cadáver, yo fui en busca de quien soy". Quien dice "yo" aquí es distinta de "quien soy", debe ir en su busca, y esa diferencia es la muerte; es decir lo que tacha el signo igual entre "yo" y "quien soy" es esa muerte futura que, por una inversión que influye en toda la lectura de su obra, es puesta en el origen. Donde se ve también que la originalidad de Pizarnik no deriva de artificios complejos sino por el contrario de la sencillez extrema de sus operaciones retóricas, como ésta en la que ataca la identificación más básica y elemental de la unidad psicológica y sintáctica.

Resuena también en este pasaje el famoso "Je est un autre" de Rimbaud. Pero Rimbaud disloca la gramática, contrastando con el pronombre en primera persona un verbo en tercera, dándole a ese *yo* un tratamiento de objeto, de cosa distinta a mí mismo a la que puedo referirme desde fuera. Mientras que Pizarnik da un paso más atrás, restaura la legalidad gramatical pero sólo para poner en duda su correspondencia con la *realidad* de ese sujeto que, para ser quien es, debe ir en busca de sí mismo. Verdaderamente el *yo* que Pizarnik crea en sus poemas es el que se levanta de su cadáver, es una creación anunciada y al mismo tiempo *post-mortem*, es la poeta muerta que, a través de la lectura de sus poemas, mira hacia atrás y se reconstruye. "Yo fui en busca de quien soy": puesto que en el mundo de Pizarnik no existe otra cosa que la poeta, el sí misma, no hay nada más de lo que ir en busca, pero esta búsqueda no puede ser sencilla: sólo se puede hacer mediante un rodeo que incluye la muerte (y, como es lógico, la muerte sólo sucede en el futuro). La muerte participa de la *escritura* de Pizarnik, en el sentido que Barthes le da a este término; es decir como algo deliberado, estratégico, algo que no tiene que ver con el estilo sino con el proyecto, con lo que Barthes llama "la moral de la forma".

"Peregrina de mí, he ido hacia la que duerme en un país al viento". En un movimiento muy típico de Pizarnik —nuevamente, de una retórica inesperada no por su sofisticación sino por su sencillez—, esta frase reduplica la anterior, repite la información que ya contenía la anterior, la de ir en busca del sí misma. Si en el mundo sólo existo yo, no puedo ser peregrino más que de mí mismo. Pero, al mismo tiempo, convierto ese mí mismo en algo extraño, lo sustraigo otra vez a toda posible identidad conmigo mismo; es el desdoblamiento romántico del sujeto en una parte diurna secretamente dominada por la parte nocturna, invisible y poderosa, y de la que se debe ir en busca para conjurar su peligro (o para entregarse a su delirio), porque no puede resistirse al atractivo que ella ejerce. Este desdoblamiento entre una persona civil que vive en comunidad con los demás y una suerte de Dr. Hyde, que es la que escribe, fue por otra parte una figura muy presente en la literatura argentina de mediados del siglo XX. Por ejemplo en "Borges y yo" (en *El Hacedor*, 1960): "Al otro, a Borges, es a quien le ocurren las cosas(...) yo vivo, yo me dejo vivir, para que Borges pueda tramar su literatura y esa literatura me justifica". O en Roberto Juarroz, quien escribe por esos mismos años: "El otro que lleva mi nombre/ ha comenzado a desconocerme./ Se despierta donde yo me duermo,/ me duplica la persuasión de estar ausente...".

El peregrinaje es el tránsito por tierras desconocidas; de hecho la raíz *peregre* significa "en el extranjero". En este caso se trata de un reino extraño pero interior, el paisaje del sueño; el peregrinaje sólo conduce al sueño de la que duerme en el país al viento. Y puesto que todo peregrinaje lleva además a un sitio sagrado, el sueño del poeta adquiere una entidad cuasi divina, cosa que cierra el círculo de una sensibilidad de raíz romántica y surrealista.

II
Surrealismo y condensación

Pizarnik parece ser consciente del agotamiento de los métodos del surrealismo. Se queda con su imaginería, con su ideología poética, pero renuncia a los largos desarrollos, a las digresiones documentales del discurrir onírico de los surrealistas. Uno de los elementos más evidentes en su poesía es precisamente esa contención, esa condensación de estilo, de la que acaso no es ajena su incertidumbre acerca del manejo pleno de la lengua, de su plena posesión. Es una posibilidad a tener en cuenta en una poeta que pasó su infancia en una casa en la que apenas se escuchaba el castellano —sus padres, que llegaron a Argentina dos años antes de su nacimiento, hablaban yiddish entre ellos— y que hasta su adolescencia dividía su tiempo entre la escuela normalista y las instituciones que nucleaban a la comunidad judía de Avellaneda, en las que también se hablaba yiddish. La contención, en todo caso, inclina a Pizarnik hacia formas simbólicas muy depuradas o —mejor dicho— la mueven a una preocupación formal de la que prácticamente carecieron los surrealistas. Basta comparar un sueño de Pizarnik con uno de Olga Orozco: frente a la larga letanía de ésta, que sólo acaba cuando la idea se agota por completo, la concentración de Pizarnik, siempre anclada en unos pocos conceptos, en un catálogo de imágenes muy limitado y unas operaciones retóricas básicas, que tienden a repetir, a explicar sin expandir. Veamos, por ejemplo, uno de sus poemas más conocidos, "Vértigos o contemplación de algo que termina", también de *Extracción de la piedra de locura*:

Esta lila se deshoja.
Desde sí misma cae
y oculta su antigua sombra.
He de morir de cosas así.

La primera tentación es asociar este breve poema al haiku, forma tradicional japonesa que fue adaptada por primera vez al castellano por el mexicano José Juan Tablada en *Un día...* (1919), y que luego fue cultivada por Octavio Paz, a quien Pizarnik frecuentó en sus años parisinos (recordemos que *Árbol de Diana*, el libro anterior a *Extracción...*, tiene prólogo de Paz). Pero lo que impide que este poemita sea un haiku es el cuarto verso, no tanto porque el haiku sólo tiene tres sino porque aparece allí la primera persona y la idea, completamente ajena a ese género, de destino trágico. Podría decirse en cambio que cada verso de este breve poema juega el papel de la estrofa de un soneto: el primero pone en escena un objeto, el segundo le da una función, el tercero cierra su aventura y el cuarto crea el símil, la metáfora por la cual el objeto es sustraído al mundo y convertido en abstracción, en alegoría de otra cosa, de una enseñanza moral. En el caso de Pizarnik, esa alegoría alude a la propia muerte de la voz que la enuncia. Pero fijémonos que no dice "moriré" o "voy a morirme de cosas así", sino "he de morir", lo cual le confiere un sentido de fatalidad, aunque quizás no exenta de cierta hesitación, como si se preguntara sobre el valor de esa misma sentencia. Nadie que hubiera querido imitar a Breton o a Eluard hubiera podido condensar de tal modo una imagen. Y precisamente la intensidad, la capacidad de conmover al lector de estos cuatro versos vienen de su visible condensación, como si al leerlos sintiéramos que cada línea está impulsada por la fuerza de todo lo que no nombra, de todo lo que debió quedar afuera para que el verso saliera impulsado hacia nosotros con un resorte comprimido y soltado de golpe.

III
El sueño clásico y el sueño romántico

Al hablar del sueño de una poeta americana es difícil no acordarse de uno de los poemas más célebres de Sor Juana Inés de la Cruz, el "Sueño", también conocido como "Primero sueño", publicado en 1692:

...así, pues, de profundo
sueño dulce los miembros ocupados,
quedaron los sentidos
del que ejercicio tienen ordinario
—trabajo, en fin, pero trabajo amado,
si hay amable trabajo—,
si privados no, al menos suspendidos,
y cediendo al retrato del contrario
de la vida que —lentamente armado—
cobarde embiste y vence perezoso
con armas soñolientas... (vv. 166-176)

"El contrario de la vida" es aquí la muerte, y su "retrato" es el sueño. También en Pizarnik sueño y muerte son hermanos;

por ejemplo en *Extracción de la piedra de locura* se incluye un texto titulado "El sueño de la muerte o el lugar de los cuerpos poéticos":

> Toda la noche escucho el llamamiento de la muerte, toda la noche escucho el canto de la muerte junto al río, toda la noche escucho la voz de la muerte que me llama. Y tantos sueños unidos, tantas posesiones, tantas inmersiones en mis posesiones de pequeña difunta en un jardín de ruinas y de lilas. Junto al río de la muerte que me llama. Desoladamente desgarrada en el corazón escucho el canto de la más pura alegría.

Y más abajo: "Hablo del lugar donde se hacen los cuerpos poéticos —como una cesta llena de cadáveres de niñas".

Aquí vemos la diferencia entre un sueño clásico y un sueño romántico: en Sor Juana el sueño, la muerte son cifras metafísicas, de apetencia mística: remiten a un orden simbólico y moral que viene de Séneca, de Estacio y de la tradición hermética medieval; forman parte de un sistema de representación que es del todo ajeno a las amenazas de los fantasmas de la psique. En Pizarnik el sueño es vía de acceso al sí mismo y la dislocación de la identidad del sí mismo, y los símbolos que aparecen en él no son sistemáticos, se reinventan y resignifican cada vez, son fulguraciones del autoconocimiento, de la interrogación de la parte diurna sobre la nocturna.

Lautréamont escribe, en el Canto I de Maldoror, estrofa 9: "Muchas veces me he preguntado si será más fácil de reconocer la profundidad del océano que la profundidad del corazón humano". Tal es la percepción que desarrollará el surrealismo, extremando en esto también la sensibilidad romántica –¿no se había sorprendido ya el Werther de Goethe de su propia profundidad: "Me vuelvo hacia mí mismo y encuentro un mundo"? ¿No había dicho Schiller, en su distinción entre poesía ingenua y sentimental, "el genio siempre sigue siendo un misterio para sí mismo"? Y Rousseau, en el pórtico de las *Confesiones*: "Yo solo. Yo leo en mi corazón y conozco a los hombres. No soy como ninguno de los que vi". Cada sujeto –y en la sensibilidad romántica y surrealista el sujeto se hace en la escritura– posee un mundo interior de una vastedad tal que no le alcanzará su propia existencia para sondearla: ¿para qué preocuparse entonces por el mundo exterior? ¿Y cómo no prestar atención a los sueños, que son al mismo tiempo la manifestación y la vía de acceso a esas profundidades abisales del corazón humano? Con *La interpretación de los sueños* (1899), en el umbral del siglo XX, Freud había dado nueva entidad a la vida onírica como modo privilegiado de acceso al reino interior, que sólo se manifiesta cuando la censura de la vigilia, de la conciencia, se relaja. Por eso la simbología de los sueños como llave para acceder al reino interior de la subjetividad es una de las constantes del surrealismo, que agotó el de las imágenes oníricas.

Para el poeta clásico, lo importante no es el sujeto que sueña sino el sistema ordenado de símbolos que el sueño representa. Para el poeta moderno el sueño sólo puede ser de un sujeto específico, y la importancia del sueño radica precisamente en revelar esa subjetividad. En su escritura, el poeta clásico no necesitaba recortar un espacio de diferenciación con respecto a su comunidad. El poeta moderno, en cambio, es siempre un *raro*. La estirpe de Pizarnik es la del poeta inadecuado obligado a convivir con el ciudadano normal. Lo propio de ella, en todo caso, es una cierta inseguridad en su condición de poeta –en su dominio completo de la lengua–, que parece impulsarla a invertir el proceso: ser primero maldita para ser, después, poeta. Esta estrategia se manifiesta también en la relación de Pizarnik con la muerte, en esos cadáveres de niña en los que ella junta dos de sus identificaciones fundamentales, la niña y la muerta. "Una cesta llena de cadáveres de niñas" es una visión netamente heredera de Lautréamont. Con la diferencia de que en Lautréamont las imágenes aterradoras de que están llenos los *Cantos* no se interpretan como premonitorios enunciados de un suicida. En cambio en la lectura de Pizarnik siempre se revierte sobre tales imágenes una cifra de su destino trágico.

IV
Escritura de la muerte

Hay en Pizarnik una gestualidad de arlequín, una pantomima de la desesperación que se extiende hasta el acto del suicidio y crea así, a posteriori, el acento dramático de su poesía. Fijémonos en el texto que hemos citado antes, "El sueño de la muerte": "Junto al río la muerte me llama. Desoladamente desgarrada en el corazón escucho el canto de la más pura alegría". En la última frase hay dos operaciones muy características de Pizarnik: por un lado la reduplicación, puesto que "desolado" como adjetivo de "desgarrada" es como elevar al cuadrado el sustantivo; por otro lado, la inversión: lo lógico en un cuadro tan patético sería escuchar un canto muy triste; en cambio ella escribe "la más pura alegría". Se encuentra aquí, como en tantos otros pasajes de su obra, una puesta en escena en el texto de la desesperación, una representación del desgarro característico del poeta moderno, que tiene resonancias de Lautréamont y de Rimbaud, y que no necesariamente deberíamos confundir con la desesperación de la persona civil Alejandra Pizarnik. Por ejemplo, Lautréamont, en el Canto I de Maldoror, en una de sus atrocidades geniales, escribe: "Quise reír como los demás, pero esa extraña imitación era imposible. Empuñé una navaja cuya hoja tenía un filo acerado y la hundí en la carne en el lugar donde los labios se unen. Creí por un momento alcanzar mi propósito. ¡Miré en un espejo la boca maltratada por mi propia voluntad! ¡Era un error! La sangre que manaba con abundancia de las dos heridas no dejaba distinguir además si ésa era la verdadera risa de los otros". Está aquí el gesto bufonesco, subrayado por nítidas operaciones retóricas, de la desesperación como resultado de la dificultad o la imposibilidad de ser como los demás (el orgullo y al mismo tiempo la desolación de ser distinto), y la presencia, para certificarlo, del espejo de Narciso, testigo de que el poeta, en el intento de parecerse al prójimo, al burgués, no hace sino aumentar su patética rareza.

Ahora bien, el hecho es que Lautréamont nunca llegó a rasgarse la comisura de los labios con una navaja, mientras que Pizarnik ejecutó esa muerte que sus poemas largamente anunciaban. El suicidio volcó sobre su poesía un *pathos* aplastante y definitivo, y se tiende a leer a Pizarnik como documentación de un caso de psicopatología suicida impulsada por la incomprensión de su medio. De algún modo, el suicidio de un poeta es un acto que pervierte la percepción cronológica de su personaje poético: pone la muerte en el origen, como hecho fundante, y deriva toda la escritura de ese destino fatal. El suicidio de un poeta genera en el lector un raro sentimiento de culpa, como si éste, por el mero hecho de poder sentarse cómodamente en el sofá a leer esos poemas, compartiera la responsabilidad de esa muerte, en la senda de Artaud cuando ponía a Van Gogh como un "suicidado por la sociedad". Es como un acta de acusación cuyos efectos no pueden dejar de actuar en el momento de la lectura. Así como la aventura africana de Rimbaud es la clave en la que muchas veces se ha leído su poesía, como si ésta fuera una premonición, un aviso de aquélla, el suicidio se interpreta como el polo, el fenómeno a que tiende toda la obra de Pizarnik.

Tendemos a ver en ella a Flaubert y a Emma Bovary al mismo tiempo, a Lautréamont y a Maldoror. Pero la Alejandra que escucha en el poema el llamado de la muerte no es –no es siempre, al menos– la Flora Pizarnik persona civil que se dio muerte en Buenos Aires el 25 de septiembre de 1972, a sus 36 años. Alejandra es un personaje hecho de palabras, sin edad fija, y su poesía no es esa larga "carta al juez" que a veces se tiende a ver en ella.

V

La lectura de la muerte

El título de este poema en prosa es: "El sueño de la muerte o el lugar de los cuerpos poéticos". ¿Por qué esta "o", como si el sueño de la muerte fuera equivalente al lugar de los cuerpos poéticos? ¿No se trata acaso de una cierta tensión entre Alejandra y Pizarnik, entre la poeta que escribe y el personaje poético cuyo anhelo es que la persona del poeta desaparezca para ocupar él mismo, es decir "el cuerpo poético", toda la extensión de la escena, una escena en la que ya no hay tiempo, puesto que se ubica después de la muerte? El suicidio relaja esa tensión y convierte a ambas en "la pequeña difunta". Pero la lectura debe reponer la tensión, para recuperar un espesor que la mera "desesperación" aplana y despoja de interés. La lectura debe ahora rescatar la poesía del culto a la poeta desgarrada y quejumbrosa, mártir de su propia melancolía.

Cristina Piña empieza su biografía (1991), por lo demás excelente: "Buma, Flora, Blímele, Alejandra, Sasha: cinco nombres para un mismo desamparo". Esta frase al frente de una biografía implica desde ya, a través de su apariencia ingenua, una declaración de principios; vamos a leer la biografía de una poeta que, puesto que se suicidó, tiene que haber vivido en el desamparo y en el desgarro. Pero el desarrollo del libro se encargará de desmentirlo, mostrando cómo Pizarnik fue un personaje central de la vida literaria porteña de los sesenta, abundante en fiestas, banquetes, reuniones. De hecho, esta primera página de Piña, antes de dar prácticamente ningún dato sobre su biografiada, se cierra de este modo: "Buma, Flora, Blímele, Alejandra, Sasha: cinco nombres para un idéntico destino puntual". Donde por supuesto el punto, el *punctum* hacia el que todo va dirigido, es la muerte voluntaria: "El destino eran cincuenta pastillas de Seconal sódico...".[94] Aquí se ve un ejemplo de

---

[94] Cristina Piña, *Alejandra Pizarnik*, Colección "Mujeres argentinas", Buenos Aires, Planeta, 1991, p.17-19.

la lectura sin relieve a la que se abocó la poesía de Pizarnik, siguiendo al pie de la letra la propia estrategia de la poeta: invertir el vector de la cronología y colocar la muerte en el origen. Una lectora mucho más perspicaz, Tamara Kamenszain, comprende la estrategia cuando escribe: "la precocidad de [la] vocación poética [de Pizarnik] consistió en desplegar el poema como un relato post-mortem". El simbolismo trágico del suicidio aparece cuando, tras comparar a Pizarnik con Oliverio Girondo en el cultivo de "el yo perdido", concluye: "Pero mientras la resignación girondina es una comedia, el desamparo de la voz femenina no puede más que presentarse como un juego trágico".[95] Decir que la muerte forma parte de la escritura es referirse a un gesto solidario del martirologio del artista contemporáneo, de aquel que, siendo un raro, un a-normal, no encuentra un lugar en la sociedad de los vivos y acaso pueda buscarlo en la de los muertos, cambiando el cuerpo humano por el cuerpo postrero de los libros; por eso "El sueño de la muerte o el lugar de los cuerpos poéticos".

---

[95] Tamara Kamenszain, "La niña extraviada en Pizarnik", en *La edad de la poesía*, Rosario, Beatriz Viterbo, 1996, pp. 19-21. Kamenszain publicó, más tarde, un ensayo muy agudo acerca de la relación de Pizarnik con la lengua castellana: "Testimoniar sin lengua (el caso de Alejandra Pizarnik)", en La boca del testimonio. Lo que dice la poesía, Buenos Aires, Norma, pp. 63-115.

VI

Hipertrofia del sí misma

Si en el mundo de Pizarnik sólo existen Pizarnik y la Muerte, es natural que se preste una atención profunda, minuciosa, a cada estado de la sensibilidad, de esa única fuente de la que mana toda materia poética. En ella el mundo exterior apenas es un reflejo en la subjetividad a través de los sentidos. También en esto Pizarnik es heredera del romanticismo, incluyendo su última gran fulguración en la literatura europea, el surrealismo; recordemos que Breton escribe en el primer *Manifiesto del surrealismo* (1924): "Quiero que la gente se calle tan pronto deje de sentir". Una tensión y una atención tan fuertes derivan con frecuencia en el traspaso de los atributos de un sentido al otro. Por eso la sinestesia es uno de los recursos frecuentes en la poesía de Pizarnik: "Mi infancia y su perfume a pájaro acariciado", "este lila caliente", "la que murió de su vestido azul está cantando", "aire tatuado", "voz petrificada", "La luz del viento entre los pinos", "la música emite colores ingenuos", "veo la melodía", "el soplo de la luz en mis huesos". Es casi innecesario recordar que la rotunda formulación de este recurso viene de un soneto de Rimbaud: "A negra, E blanca, I roja, U verde, O azul: vocales,/ algún día diré vuestro origen secreto". Y en *Una temporada en el in-*

fierno extiende el sesgo esotérico a las consonantes: "¡Inventé el color de las vocales! –A negra, E blanca, I roja, O azul, U verde–. Ajusté la forma y el movimiento de cada consonante, y, con ritmos instintivos, me enorgullecí de inventar un verbo poético accesible, un día u otro, a todos los sentidos". En una famosa carta a Demeny, además, Rimbaud advertía: "el poeta se hace vidente por un largo, inmenso y razonado desarreglo de todos los sentidos".

Entonces la poesía se vuelve el asunto fundamental del poema, y como el sujeto de la poesía es el poeta, éste pasa a ocupar el centro de la escena. La relación entre esta exacerbada atención a la propia sensibilidad y el onirismo no es casual: *Narciso* y *narcosis* son palabras derivadas de una misma raíz etimológica. Narciso está narcotizado por su propia belleza, por su reflejo, igual que el poeta moderno está alucinado ante su capacidad de reflejar en el papel su reino interior, su corazón profundo como un océano. En "El sueño de la muerte o el lugar de los cuerpos poéticos" leemos: "Junto al río la muerte me llama". No debemos ver aquí el río de Heráclito, es decir el curso del tiempo, sino el río de Narciso, es decir esos "Caminos del espejo", como se titula otra sección del mismo libro, *Extracción de la piedra de locura*. No el devenir de las aguas que corren sino la fijeza de la imagen en que se perpetúa el poeta. De Narciso, hijo de un dios y de una ninfa, el insensible del mundo, el que sólo se amaba a sí mismo, Tiresias había vaticinado que "viviría hasta viejo si no se contemplaba a sí mismo". Pizarnik cumplió la profecía contemplándose largamente en su poema, que sigue viviendo en la anunciación perpetua de su muerte, en la escenificación de su acomodo imposible en la sociedad de los vivos.

VII
La cruz y el descontrol

El contol severo, la contención con que Pizarnik trabaja su materia tienen su cruz en las páginas escritas duarante los meses de 1971 que permaneció internada, bajo tratamiento psiquiátrico, en el Hospital Pirovano de Buenos Aires. La edición de la *Poesía completa* preparada por Ana Becciú (Barcelona, Lumen, 2000) contiene algunas piezas que no habían sido incluidas en *Textos de sombra y últimos poemas* (Buenos Aires, Sudamericana, 1982) y que son del mayor interés en este sentido. Una página titulada, precisamente, "Sala de psicopatología", va subiendo de tono y se desborda; empieza en verso y deriva hacia párrafos como el que sigue:

hablo de la concha y hablo de la muerte,
todo es concha, y he lamido conchas en varios países y sólo sentí orgullo de mi virtuosismo — la mahtma gandhi del lengüeteo, la Einstein de la mineta, la Reich del lengüetazo, la Reik del abrirse camino entre pelos de rabinos desaseados

— ¡oh el goce de la roña!

O bien, con una sardónica alusión al "Purfrock" de T. S. Elliot:

Oh, he besado tantas pijas para encontrarme de repente en una sala llena de carne de prisión donde las mujeres vienen y van hablando de la mejoría.

Estos pasajes muestran una euforia de lo soez, "el goce de la roña" –o, en el mismo poema: "soy una perra, a pesar de Hegel. Quisiera un tipo con una pija así y cogerme a mí". Son las páginas finales de una obra que, antes de cerrarse, deja vislumbrar aquello que en su trayectoria había quedado acallado, subsumido en las imágenes que se espiralan en torno a la mirada interior y las visiones románticas de la muerte. Los nombres prestigiosos –Gandhi, Einstein, Reik, Hegel– chocan con las palabras y escenas vulgares, en una modulación muy alejada de la figura martirológica de Alejandra y las cestas con cadáveres de niñas. Esta Pizarnik del Pirovano, con su fruición de blasfemia y erotomanía, muestra la otra escena del idioma, la palabra que irrumpe en el poema cuando se relaja el control, cuando la materia cruda de lo real se cuela en el reino de lo simbólico, cuando todo lo que había quedado afuera clama por mostrarse y del corazón del susurro surge el clamor.

Apuntes sobre la poesía de Juan José Saer

El poema de Saer busca una proporción justa e inestable entre prosodia y período gramatical. Abolidos el metro y la rima, la estrofa –unidad de composición más irreducible que el verso– quiere imitar el ritmo de la idea, la forma que la idea funda y funde cada vez. El vector de esa idea-frase se deja imantar por el polo de la sentencia:

Únicamente el hombre no renace; y los dioses,
que nacen de las cosas, se transforman en cosas, otra vez...
("Príapo")

Saer confía en la sintaxis como en la última certidumbre del arte verbal, de una forma semejante a la del filósofo que, frente a la "cháchara" o el "palabrerío", mantiene su confianza en la lógica o, aun, como el escultor en las proporciones del volumen: con el filo de la coma va tallando el período, escanciando la frase, ajustando el contrapunto a una modulación del sentido que cuenta, explica, sugiere, dice y contradice:

Relojes, de sol, o de arena, o los otros
arduos como un organismo, que no miden,
sin embargo, nada. Y no es, después de todo,

embarazoso, o melancólico, ni gris, tampoco,
haber pertenecido, de cuerpo entero, al pasado.
("Segovia")

Es una entonación que, en el crepúsculo de la modernidad, no esconde su nostalgia clásica. Se deja oír aquí el eco de alguna letrilla sacra de Góngora; por ejemplo:

Alma niña, ¿quieres, di,
parte de aquel, y no poca,
blanco Maná que está allí?
Sí, sí, sí.[96]

O incluso de las *Soledades:*

...cuyo lascivo esposo vigilante
doméstico es del Sol nuncio canoro,
y –de coral barbado– no de oro
ciñe, sino de púrpura, turbante.

Para elogiar *Lois* de Philippe Sollers, escribe Barthes:[97] "tout est attaqué, déconstruit: les édifices idéologiques, les solidarités intellectuelles, la séparation des idiomes et même l'armature sacrée de la syntaxe (sujet/prédicat)". Saer hace lo

---

[96] Góngora, *Letrillas*, edición de Robert Jammes, Madrid, Castalia, 1980, p. 163.
[97] *Le plaisir du texte*, Seuil, 1973. (*El placer del texto*, México, Siglo XXI, 1973).

contrario: no subvierte la gramática, fuerza su lógica hasta el extremo para extraer toda la capacidad rítmica y coral. Aquí la impronta de Juan L. Ortiz se deja ver no en el asunto del poema sino en su tesitura, en esa capacidad de impregnación que depende de una estrategia de la puntuación y de las subordinadas que abren, encajan, arborecen y cierran.

El verso libre de Saer encuentra en la tensión del período una nueva forma de acotar el paisaje y seleccionar sus modos de aprehensión. Es un método semejante al que veía Pasolini en la poesía de Montale: "Aquí, naturalmente, la sintaxis se enriquece, consiste en un período amplio, de largo aliento, aunque sólo aparentemente hipotáctico, en realidad basado en largas coordenadas. Es en la onda de esta sintaxis que se cumple la habitual transformación de los datos prácticos en metafísicos"[98]. En esa suerte de malabarismo sintáctico, el poema de Saer aparece como el núcleo –vacío en parte, o al menos restringido a su esencia– del que toda su prosa es una emanación: un único libro de versos, muchas veces revisado y aumentado, en el centro de una obra narrativa que abarca novelas y relatos.

Algunos de sus cuentos, sobre todo "La mayor", obran como zona de transición entre el poema y la prosa narrativa. Esta pieza, incluida en el volumen homónimo de 1975 y encabezada por un verso de Góngora ("pasos de un peregrino

---

[98] Pier Paolo Pasolini: "Montale", en *Passione e ideologia*, Milán, Garzanti, 1994, p. 323.

son errantes") es una parodia de Proust y de la imposibilidad de repetir el sesgo transversal de los recuerdos (disparado, siempre, por una percepción sensorial). A lo largo de "La mayor", Saer fuerza el hipérbaton, jugando a poner la palabra "lugar" siempre en el cierre de la frase –a lo que se agrega el hecho de que "lugar" es casi un *leit motive* en la obra de Saer, uno de cuyos primeros libros de cuentos se titula *Unidad de lugar* y el último, sencillamente, *Lugar*: "No pienso nada, lo que se dice nada. Y no recuerdo, tampoco, nada: no sube, por decir así, ¿desde dónde?, ningún relente, nada. No estoy tampoco en otro lugar: es siempre, ahora, el mismo, frío, iluminado, con los libros amontonados, y los papeles, y el *Campo de trigo de los cuervos*, lugar. Estoy estando siempre, ahora, en el mismo, con la taza vacía y las manos cruzadas sobre el PARANATELLON, sobre la mesa, lugar. (…) Y cuando me levanto, la comida, que ya es recuerdo, queda, en otro, por decir así, y en el que estoy todavía estando, y que debiera, sin embargo, ser el mismo, lugar".[99]

Por otra parte, en un texto sobre Juan L. Ortiz, en el que le atribuye claramente la posición de su maestro, la poesía del entrerriano es definida como "una lírica narrativa".[100] A la vez, el poema de Saer es prosaico, sobre todo en las com-

---

[99] Juan José Saer, *Cuentos completos (1957-2000)*, Buenos Aires, Seix Barral, 2001, pp. 126-127.
[100] Juan José Saer, Liminar, en Juan L. Ortiz, *Obra completa*, Sante Fe, Centro de Publicaciones de la Universidad del Litoral, 1996, p. 11.

posiciones más largas, en las que el léxico es conversacional, los tropos casi no existen, no hay aliteraciones:

> En adelante
> se tratará de un trabajo de hormiga, hecho
> con un diccionario de mitología
> y un diccionario de la rima, de un trabajo
> encarnizado sobre la prosodia francesa,
> se tratará de distribuir
> de un modo diferente las cesuras...
> ("Rubén en Santiago")

El poema describe lo sublime del arte de Darío en unos versos rebajados, hechos con las mismas palabras que pueden leerse en los diarios, en el que el ritmo sincopado de los acentos es la marca sutil de un trabajo artístico. El título del libro, *El arte de narrar*, no es sólo una ironía acerca de las posibilidades no necesaria o principalmente líricas del poema, sino también un intento de complicar las relaciones entre verso y prosa, de aumentar las contaminaciones entre ambas, de establecerlas como una tensa *transición* que no se resuelve. La poesía de Saer crece más hacia las raíces que hacia la arborescencia, en una zona de sombra en la que se superponen dos géneros o dos formas tradicionalmente opuestas de expresión y de trabajo verbal.

A través de Juan L. Ortiz, Saer aparece en la senda de Mallarmé, de la prosa de Mallarmé, del "nudo rítmico" de su gramática respirada. El más inestable estado de la sintaxis, que arrastra la frase hasta la saturación de sentido, debe parecerse, necesariamente, a la respiración de la lengua conversada. No se trata de excluir los cultismos y de exonerar al lector, como quería el último Borges, "de la consulta del diccionario". Mallarmé trabajó sobre la restricción opuesta: su léxico consiente el neologismo, el cultismo, pero se ciñe a un ritmo cadente, casi asmático –Lezama Lima supo verlo y apropiárselo– en la estructura de la frase. Saer junta ambas vertientes, casi opuestas, de la poesía del siglo: un léxico cercano al de la conversación, una gramática de períodos fragmentados, como si fuera la propia sintaxis el sujeto que piensa, reflexiona, no acaba de estar seguro de lo que afirma, lo pone en duda y lo vuelve a formular. Una sintaxis obsesiva, neurótica, no en lo que enuncia, sino en su propia forma de hacerse máquina pensante: mucho de lo que hoy llamamos, en la poesía argentina, "objetivismo" o "realismo", tiene aquí una de sus decisivas inflexiones. Si es cierto que la poesía moderna deriva de Baudelaire, pero, al contrario de lo que suele afirmarse, no tanto de *Les fleurs du mal* como de los *Petits pôemes en prose*, en la poesía de Saer se adivina, además, el influjo de la prosa de Mallarmé.

¿De qué trata la poesía de Saer? A medida que *El arte de narrar* avanza y se va haciendo obra, se diría que su tema esencial es el mito: Rubén Darío, Juan Moreira, Dante, Venus, Alceón, Adonis, Príapo. El procedimiento mayoritario es la *semblanza*: "1. Semejanza. 2. Descripción física o moral de una persona; también, cuando va acompañada de una breve biografía". Mito: semblanza; narración como proceso que vuelve paradigmático lo que trata: la figura del poeta (Dante, Rubén), el héroe (Moreira), el mito mismo. Si el mito comporta el relato, en Saer el poema va hacia el mito para convertirse en "arte de narrar".

¿Por qué el mito, en todo caso? Quizás porque esta poesía acontece en algún lugar que está fuera del tiempo, del paisaje en el que la mirada puede registrar un acontecimiento. Cuando decimos que el mito o la semblanza son el tema principal del poema apuntamos también a que, a diferencia de lo que sucede en sus novelas y cuentos, aquí la memoria subjetiva y la reconstrucción de un paisaje de origen tienen escasa importancia. En este punto la impronta de Juan L. Ortiz parece someterse a una curiosa disección: la poesía de Saer tiene una tesitura orticiana, pero el paisaje, el *pathos* de Juan L. se reserva para los cuentos y las novelas. El verso de Ortiz se alarga al encuentro de ese paisaje fluvial en el que el poema aspira a disolverse; sus largos renglones son hilos a la búsqueda de una "comunión": con lo que rodea al poeta, con los "compañeros", incluso con la propia sensibilidad o interioridad o memoria. En la poesía de Juan L. y en la prosa de Saer se encuentra, ya imprescindible, la "fundación mítica" del litoral fluvial argentino. En la poesía de Saer, en cambio, el paisaje es mental, literario; si la naturaleza comparece es en forma de bodegón, como en "Café y manzanas", donde cierta urgencia agrava con las cosas la aspiración trascendental: "el ser entero hecho calor y delicia". Es el último verso del poema, y en él "calor" equivale nítidamente a café; "delicia", a manzanas. De nuevo: hay una nostalgia clásica, una concepción del poema como artefacto verbal del todo urdido, con su lógica gramatical al borde de la fusión y los sustantivos abstractos anclados en las cosas.

Arturo y yo en la filiación de Carrera

I

Cuando Arturo Carrera declara, en las entrevistas, que la mayoría de sus amigos son pintores, y que él aprende mucho de ellos sobre procedimientos y materiales, el lector podría confundirse acerca de la verdadera filiación de su poesía. En la clásica división entre poetas del oído y de la vista, musicales y pictóricos, toda la poesía de Carrera es un entramado de voces: un "collage", sí, de voces –"voces recortadas" anotó tempranamente Eduardo Milán, y dice: "Carrera añade una alternativa al neobarroco latinoamericano y hace caer el privilegio de la metáfora como eje ordenador y orientador del mundo".[101] Voces de niños, de tías sicilianas, de los padres, de la música de Debussy, de quien Carrera tomó el título de uno de sus mejores libros, *Children's Corner* (de paso evocando, en sutil metonimia, esa siesta del fauno a la que Debussy convirtió en obertura: ese fauno que es Carrera en su personaje de Arturo en varios de sus poemas, ese fauno viejo que se duele de la melodía del fauno niño en el cuadro

---

[101] Eduardo Milán, "La escritura-niño", en *Una cierta mirada* (recopilación de notas publicadas en la revista *Vuelta* entre enero de 1987 y junio de 1989), México, Juan Pablos editor, 1989, pp. 47-49.

de Franz von Stuck que sirve de portada a *Arturo y yo*).[102]

Escrito con un nictógrafo fue el primer libro de Carrera, publicado en 1972. Título significativo: el nictógrafo es un invento de Lewis Carroll para escribir en la oscuridad. Y no es sólo que Carroll sea una lectura latente en toda la poesía de Carrera, sino que a través del país de Alicia llegamos a la *Lógica del sentido* de Deleuze, que se define como "ensayo de novela lógica y psicoanalítica", y da un marco de legibilidad (uno de los marcos posibles) para la poesía de Carrera. En la medida en que la broma deleuziana vale también para Carrera, en tanto desde la filosofía y desde la poesía cada uno de ellos converge en la "novela" (en el sentido en que un tratado de filosofía no podría ser una novela, de la misma forma en que una serie de libros de poesía tampoco podría serla, y sin embargo lo son: la novela psicoanalítica de Carrera, su propia *recherche*, y en este aspecto parece atinada la observación de Roberto Retamoso, quien dijo a propósito de *El vespertillo de las parcas* que hacía naufragar la distinción de Bajtín entre palabra novelística y palabra poética). Está además el modo de pensar y de escribir al borde del vacío, esa filosofía y esa poesía del acontecimiento –el acontecimiento, en Carrera, es más que la experiencia–, esa producción de sentidos parciales y descartables, de lógicas *ad hoc*: el juego cuyas reglas

---

[102] En ambas ediciones del libro: la original (Buenos Aires, de la Flor, 1984) y su reedición (Córdoba, Alción, 2002).

no preexisten ni sobreviven a cada jugada, a cada acontecimiento, a cada huella. Es la representación posterior a la imposibilidad de representar, la figuración incompleta, menos hermética que demasiado abierta, la representación posterior a la clausura de la representación de Artaud, otra referencia inevitable.

"Yo insisto mucho con el tema de la voz", declaraba Carrera en una entrevista. Como el vespertillo del título de uno de sus libros recientes, ese murciélago ciego que sólo puede volar gracias al desciframiento de su propio grito rebotado en las cosas, el poeta deja que las voces golpeen adentro de su memoria para sacar un hilván de discurso, un hilo que guíe el sentido provisorio y sin embargo calcáreo de la identidad: Arturo y yo, el padre y el hijo, la partera y el neonato, los emparejamientos sanguíneos y los accidentales, la lógica férrea y fungible del amor, las parejas de baile del poema.

Carrera dice siempre en las entrevistas que cuando viaja no lleva cámara de fotos, sino grabador. En su poesía la imagen visual se vuelve dinámica, narrativa. No en el sentido de Manuel Puig, con quien se lo suele comparar un poco superficialmente, por la recuperación de las hablas provincianas, de las tías que bordan y charlan con la cabeza metida en los huevos jurásicos de aquellos secadores de peluquería. A Carrera no le interesa la exaltación de lo popular, el asalto de lo popular al ámbito de la literatura culta. El movimiento es más bien inverso: el poeta es un mitologizador de la memoria colectiva, aquel que busca en el acontecimiento individual la proyección de algo inherente a la historia, a la especie, a la nacionalidad.

Las huellas dejadas por unos niños hace siete mil años (unos niños proto-argentinos, unos argentinitos *avant la lettre*) se vuelven voces, se mezclan con el mito grecizante (las parcas del título de su libro) y con las *filastrocche* de las tías sicilianas. Así como en el neologismo "vespertillo" –en una operación más específicamente gongorina que barroca– se mezcla el cultismo *vespertilio* –murciélago– con la idea de algo que acontece al atardecer, a la hora en que los murciélagos quieren salir: en su nombre se busca (a ciegas, pero con gran perspicacia de oído) algo que habla de su identidad, de su esencia. Por eso cuando Carrera dice que le interesa "el problema de la filiación" encontramos una doble vía para esa inquietud: la filiación de lo que llamamos "el acontecimiento", como aquello que en su carácter efímero revela algo sustancial, definitivo –y aquí hay que hablar del lugar del niño, de la percepción del niño, del niño de Deleuze y el de Carrera, para quien todo es reciente y efímero, las palabras incluso, pero deja una huella definitiva, la huella por la que el poeta desanda el camino del tiempo, hacia la madre muerta, hacia las mujeres que hace siete mil años paseaban por la orilla de una laguna en Monte Hermoso. Y la filiación nacional, la lengua en la que el castellano se hibrida de dialecto, la abuela peronista que canta nanas en siciliano, la lengua de los diminutivos, de los simulacros, de las "propiedades portátiles" que, según

Lewis Carroll citado por Carrera, marcan la primera impresión de un niño sobre la vida.

En esa filiación, *El vespertillo...* cristaliza una cruz de la literatura argentina. La cara: la ilusión sarmientina del inmigrante cultivado, que fue a dar en la realidad de un inmigrante analfabeto que hablaba en dialecto, y que no era depositario de la alta cultura europea sino de una tradición regional de creencias y saberes populares. Ese recién bajado del barco que repugnaba a Lugones y al cual pretendía oponer la ficción de un castellano puro, no contaminado de barbarismos itálicos; ese extranjero despreciado, contra el que –por los años del Centenario– se erigió toda una muralla china de esencialidades argentinas para mantener indefinidamente la cuarentena de su peligrosa impregnación dialectal ("la lengua es el espíritu de la patria", decía Lugones, por eso había que evitar mancillarla de sicilianismos y otras malezas), aquellos analfabetos llegados a la frontera del desierto –recuérdese que en *Ema, la cautiva,* de Aira, Pringles, la ciudad natal de éste y de Carrera, está, justamente, sobre la línea de frontera, en el límite de la "filiación"– tuvieron su descendencia, y ahora un nieto de aquellas sicilianas hila en la memoria de las *canzonette* y las *filastrocche* una entonación sólo posible en la poesía argentina, en su inscripción de los registros culturales cruzados.

En el inicio de la *Lógica del sentido*, Deleuze anota: "La obra de Lewis Carroll tiene de todo para satisfacer al lector actual: libros para niños, preferentemente para niñas;

espléndidas palabras insólitas, esotéricas; claves, códigos y desciframientos; dibujos y fotos; un contenido psicoanalítico profundo, un formalismo lógico y lingüístico ejemplar". Esa definición, escrita en 1969, podría aplicarse también a la obra de Arturo Carrera, y a su ya larga descendencia en la poesía argentina: el "yo" de *Arturo y yo* se ha vuelto, ahora, padre.

II

En el gesto vanguardista de cuyo impulso nace, *Arturo y yo* persigue una estrategia sostenida del desvío: de la identidad en el nombre, de la vida en el arte –como en la cita de Suzuki que lo encabeza: "La vida es una pintura... que debemos ejecutar de una vez y para siempre, sin vacilación, sin intelección..."–, de la representación en la palabra. Desvío de la poesía, puesto que el vanguardismo de Carrera no es el de la eufonía épica, como en Lorca o Neruda, sino el de los nudos que dibuja el envés del costumbrismo: un Citroën amarillo que pastorea vacas en el campo, conducido por una Alicia recién vuelta del otro lado del espejo. "Hartura" de Arturo niño, en su libretita manchada de yerba mate por los chicos insidiosos; "sus lolitas en flor también/ a la sombra en un despertar anaranjado del verano", donde están Nabokov (y, a través de él, otra vez, Alicia) y Proust, donde está Catulo en ese amanecer pampeano: el ideal americano del sincretismo universal, del origen absorbido y proyectado hacia el futuro. La belleza del poema es el cociente de ese titubeo calculado, el demonio de la dicción respirado en la palabra escrita cada vez que alguien abre el libro y lee.

Coro de murmullos, el poema es una textura de modulaciones: en Carrera el estilo es un (cambio de) humor. La exaltación, la tristeza; la perversa inocencia de los carmina del campo argentino, donde un pájaro "canta como un teléfono"; de la precisa sinestesia en la naturaleza misma, "bajo el crujir del sol". Veinte años hace de este *Arturo y yo* que se decía: "Debería insistir". Y aún insiste –eso es un clásico–, lozano siempre como la novia inviolada de la urna griega, como este balcón sobre la pampa, donde el poema de la identidad y el desdoblamiento muestra su trabajada sencillez, tan artificioso y natural como un espejo (con nudos de tapiz en el envés).

El teatro de la lengua de Daniel Samoilovich

I
La mirada

En la obra de Daniel Samoilovich no hay huellas del posestructuralismo francés, bien visible en sus coetáneos neobarrocos. En Samoilovich aparece, desde sus primeros libros –*El mago* (1984), *La ansiedad perfecta* (1991)– un fuerte interés por la observación "del natural", inspirada en Eugenio Montale y en H. W. Auden, y en su interés por la *lectura* del arte contemporáneo y su símil poético. *Superficies iluminadas* (Madrid, Hiperión, 1996), libro con que abre el capítulo principal de su obra, refuerza la línea de trabajo en el ámbito del *montaje* lingüístico, con un sesgo cada vez más cercano al género dramático –y, más tarde, épico. Sobre todo el primer poema de aquel libro, "La balada de Timoteo", señala algunas de las líneas que Samoilovich iba a desarrollar en sus trabajos siguientes: la aproximación a la textura teatral, de manera que las voces del poema hablen por sí mismas, sin un tamiz narrativo; el cariz episódico de los parlamentos, como si el poema sólo registrara una parte –y no necesariamente la más significativa– de su enunciación, como si lo que el poema registra se debiera a un recorte azaroso y no guiado por categorizaciones. Y la tendencia a establecer fuertes *décalages* en los niveles de lengua, que en el giro de dos o tres versos puede pasar del registro más culto al popular, o del arcaísmo al neologismo, paralela a una parodia de toda forma de taxonomía, como en la enumeración de este fragmento del mencionado poema: "Cremor tártaro,/ beso francés,/ zapatillas chinas,/ gato persa,/ nudo bereber,/ sábado inglés".

II
El viaje

Las encantadas (Barcelona, Tusquets, 2003) es una visión elíptica, paródica y sesgada –y, a su manera, completa y coherente– del paso de Charles Darwin por las Galápagos –en octubre de 1835, durante su travesía a borde del *HMS Beagle*, registrado en su *The Voyage of the Beagle* (1839)–, en donde tuvo una de las primeras iluminaciones de la teoría de la evolución de la especie. Visión opaca y sesgada porque, sobre el viaje de Darwin, Samoilovich imprime el de Herman Melville, quien, tras un viaje a las Galápagos escribió "The Encantadas" (1856),[103] texto en diez "cuadros", entre la crónica y la novela. Del viaje científico al literario y a la travesía del propio poeta o de su personaje poético, desde Quito, después de una noche en un casino. Y, quizás,

---

[103] La última traducción castellana es Herman Melville, *Las Encantadas*, trad. de Ana Lima, prólogo de Francisco León, Santa Cruz de Tenerife, 2006.

también, al viaje de Ulises (el de Homero y también el de Joyce, el viaje por adentro de la lengua, descomponiéndola para volverla a inventar).

Balbuceo, anacoluto, caligrama, voces resacosas que dicen que parece lo que no parece, iguanas que confunden las botas amarillas con flores de retama, ruletas en las que se pierde lo que se gana, piezas sueltas que se imantan en el giro de una narración oscura y sin embargo cerrada en su espiral (Nabokov: "la espiral es el círculo espiritualizado"). En la recuperación del poema como totalidad, como encuentro del don y la reflexión, del oído y el proyecto, Samoilovich asume derivaciones posibles de una tradición que pasa por Milton y por Byron, por los *limericks* de Eduard Lear y por Girondo (para quien "paso a pozo nadiando ante hartos vagos piensos de finales compuertas que anegan la esperanza"). Por el Neruda menos obvio del *Canto general* y quizás por otro viaje, el que hizo el *Altazor* de Huidobro en paracaídas. Viajes americanos, éstos, horizontales o verticales, terrestres o celestiales, que existen como travesía *en* la escritura. Enrique Lihn escribió que Neruda fue "mal leído por sus manipuladores y admiradores acríticos, entre los cuales se contó el propio Neruda". Uno de los aspectos interesantes de *Las Encantadas* es que redescubre a Neruda e inaugura una manera distinta de leerlo; del mismo modo en que vuelve sobre los juegos más audaces de Girondo, los *calembours* masmedulares, y los incorpora como el sostenido de una nota, no como la escala completa y excluyente. Por la época en que Samoilovich escribe *Las Encantadas*, traduce, junto a Mirta Rosenberg, *Enrique IV primera parte* de Shakespeare (Bogotá, Editorial Norma, 2000). Algo de la voz, de la poderosa y facetada voz de Falstaff, está también en esta unidad de fragmentos, en las voces estalladas y recompuestas, en la carcajada que sacude y reacomoda el edificio de la argumentación y el discurso con varios espesores de sentido de *Las Encantadas*.

III
El poema como género

A partir de la década de 1990, algunos poetas argentinos apuntan hacia la recuperación del poema como género completo y extenso. Es decir, no del libro de poesía que compila una serie de composiciones breves más o menos independientes, sino del poema como unidad de arquitectura compleja y de desarrollo coherente. A esta línea pertenecen libros como *40 Watts* (Rosario, Beatriz Viterbo, 1993) de Oscar Taborda; *Punctum* (Buenos Aires, Tierra Firme, 1996) de Martín Gambarotta; *Tomas para un documental* (inédito, publicado de modo fragmentario en diversas revistas) de Daniel García Helder. En los dos primeros, el poema adquiere una visible textura narrativa; en Helder, se trata, como el título indica, de diversas "tomas", de un material *impresionado* cuyo montaje, como trabajo cerrado y completo, se resiste a alcanzar su forma definitiva. Los tres poetas pertenecen a la generación nacida entre finales de los 50 (Taborda) y mediados de los 60 (Gambarotta). No parece que esta adhesión al poema extenso responda a una voluntad programática; sin embargo, tampoco es casual. Se trata, en todo caso, de buscar opciones ajenas al *impromptu* lírico que dominó la poesía del siglo XX y cuya capacidad parece agotada. El poema extenso requiere un proyecto, no sólo una inspiración: quiere agotar un cuadro completo, trabajado a consciencia. En todos los poetas mencionados, la extensión permite, además, abarcar diversos registros de lengua, con gran atención a las expresiones coloquiales.

La recuperación del poema extenso tiende a la objetividad —frente a la subjetividad del tono lírico— y a lo clásico —frente a la modernidad del fragmento. La teoría romántica de los géneros literarios,[104] expresada con máxima claridad en el nº 322 de los *Fragmentos sobre la literatura y la poesía* de Friedrich Schlegel, distingue entre poesía lírica —solamente subjetiva—, dramática —solamente objetiva— y épica —subjetivo-objetiva. *El carrito de Eneas* (Buenos Aires, Bajo la Luna, 2003), de Daniel Samoilovich, es una recuperación de esa mezcla "subjetivo-objetiva" del género épico. Una recuperación paródica pero seria: paródica en el

---

[104] Véase Peter Szondi, "La théorie des genres poétiques chez Frédéric Schlegel", en *Poésie et poétique de l'idéalisme allemand*, París, Gallimard, 1975, trad. de Jean Bollack.

tono, seria en la forma. El poema es una peculiar revisión de la *Eneida* de Virgilio, inspirada en la última gran crisis argentina, a finales de 2001. La relación de Samoilovich con la literatura clásica latina no es súbita ni oportunista, como indica su trabajo sobre las odas de Horacio (*XX Odas del Libro Tercero*, versión castellana, prólogo y notas de Daniel Samoilovich y Antonio D. Tursi, Madrid, Hiperión, 1998). En *El carrito de Eneas*, un cartonero aparece como la encarnación americana del hijo de Anquises. Lo significativo del poema de Samoilovich es la manera con que refleja un momento de gran desasosiego político y social, evitando la tentación, no sólo de cualquiera de las formas posibles de demagogia, sino incluso la del testimonio, la del apunte directo y subjetivo del natural. La Historia irrumpe en el poema sólo a través de su reflejo en el mito, en el espejo patético (en el sentido clásico y escénico del término) y todavía heroico de un núcleo intemporal.

IV
La lengua carnavalizada

En *El despertar de Samoilo* (Buenos Aires, Adriana Hidalgo, 2005), Samoilovich resume y supera ese trayecto, como condensación más delirante y consistente de una tragicomedia de la personalidad. Tiene, de hecho, la apariencia de una obra teatral –aunque de *El despertar...* podría decirse lo que Harold Bloom del *Paraíso perdido* de Milton: que "es dramático sólo en el teatro de la mente"–, con sus *dramatis personae* y su coro, y por esa escena improbable desfila el siglo XX como una carcajada espantosa, expresada en una lengua en estado de carnavalización. El título es ya un guiño evidente al último e inconcluso trabajo de James Joyce, *Finnegans' Wake*. Samuel Beckett escribió acerca de ese límite infranqueable de la literatura moderna: "Aquí, forma *es* contenido; contenido *es* forma (…) No *trata* de cosa alguna; *es la cosa misma*"[105]. Algo así rige para *El despertar de Samoilo*, pues siempre es *la cosa misma* cuando se trata de un poema moderno, no en el sentido cronológico sino en el estético: es decir, en un texto cuyas referencias son intrínsecas y cuya relación con el mundo es siempre inestable y compleja. Aquí, nuevamente, aparece la evocación de la voz tonante y sarcástica de Jack Falstaff. Y, por afinidad shakespereana, está cerca también del extraordinario libreto que H. W. Auden escribió en 1951 para Igor Stravinsky, *The Rake's Progress*.[106]

¿Por qué elige Samoilovich la forma teatral, en un poema que, al mismo tiempo, no parece destinado a la escena, puesto que prácticamente carece de acción, de motor dramático? En la trayectoria de la búsqueda de un discurso objetivo –o,

---

[105] S. Beckett, "Dante, Bruno, Vico, Joyce", epílogo de *Finnegans' Wake*, versión castellana de Víctor Pozanco, Barcelona, Lumen, 1994.
[106] Traducc. castellana: *La carrera del libertino*, Buenos Aires, Bajo la Luna, 2003, versión de M. Rosenberg y J. Arrambide.

como vimos, "subjetivo-objetivo"– uno de los momentos cruciales se halla en los "monólogos dramáticos" de Robert Browning (1812-1889). Aunque Browning nunca llegó a tener reconocimiento como autor para la escena, su experiencia como tal está en la base del desarrollo del monólogo dramático,[107] en sus libros *Dramatic Lyrics* (1842), *Dramatic Romances and Lyrics* (1845), *Men and Women* (1855) y *Dramatis Personae* (1864). El monólogo dramático es un poema de extensión diversa, en los que un personaje se confiesa, generando un discurso "objetivo", en el que aparece "la alienación definitiva de poeta y poema".[108] En Browning, "se trata de una forma del ámbito del teatro ocupando un espacio muy poco teatral. El vuelco, sin embargo, es consciente, pues renuncia al modelo escénico para llevar la acción, la dicción, más bien, al núcleo del discurso poético. No hay paradoja, pues, sino crecimiento, apropiación de una nueva posibilidad expresiva, ocupación de la escritura".[109]

Esta forma de enunciación poética fue muy influyente en la poesía anglosajona del siglo XX, como demuestra un estudio ya clásico, *The Poetry of Experience* (1957-1971)[110] de Robert Langbaum. En este ensayo, el monólogo dramá-

---

[107] La creación de este género se atribuye a Alfred Tennyson (1809-1892), aunque fue Browning quien plasmó su forma definitiva y más perdurable.
[108] Carlos Jiménez Arribas, "Introducción" a Robert Browning, *La licencia y el límite*, Barcelona, DVD, 2005, p. 20.
[109] *Ibídem*, p. 24.
[110] Edición castellana: *La poesía de la experiencia*, edición de Julián Jiménez Heffernan, Granada, Comares, 1996.

tico de Browning aparece en el centro de la "tensión entre simpatía y juicio" que caracteriza a piezas como *The Love Song of J. Alfred Prufrock,* de T. S. Eliot. Pero Samoilovich recupera la forma teatral completa, ya que parte de la base de que no habrá equívoco entre aquello que va dedicado al escenario y lo que cae dentro del ámbito de la poesía lírica. No porque *El despertar de Samoilo* sea del todo imposible de llevar a escena, sino porque el teatro del siglo XX ha esfumado las fronteras entre lo representable y lo irrepresentable. El poema de Samoilovich recupera la tendencia *objetiva* del monólogo dramático mediante una variante paródica y carnavalizada: en *El despertar...* no sólo se trata de una serie de monólogos, más que de verdaderos diálogos, sino que cada personaje parece inventar su propia lengua, hablar desde mundos paralelos y desfasados en el tiempo.

A esa constelación habría que agregar además las citas más o menos encubiertas de Manrique y de Góngora, el gigantismo pantagruélico, los juegos de latinismos, italianismos, anglicismos: "Non solum sería peligroso,/ sed etiam, kitsch", dice Chas, uno de los personajes; "Entonces vamos a poner un final fin/ hacia este fucky asunto", cierra Kiri Wen, la máscara más exótica de la troupe. Por esta vía, todo en el poema está en ebullición: la forma, la lengua, las voces. Se trata de una recuperación de algunos procedimientos de la vanguardia, como la "poesía sonora" de los dadaístas y, quizás sobre todo –y, nuevamente, en la línea shakespereana– de las parodias salvajes de Alfred Jarry. Fue precisamente en la escena teatral donde Jarry, a finales del siglo XIX, abrió una vía de recursos paródicos que las vanguardias iban a llevar, años más tarde, a su máxima expresión.

Como el personaje de Samoilovich, el lector despierta en medio de un carnaval en el que todas las categorías se han invertido, y donde la lengua misma sueña nuevas posibilidades de expresión (y, por anticipado, las pone en solfa). Como si el poema trazara su arco entre evocaciones y premoniciones en los pilares del presente. De este modo, *Las Encantadas*, *El carrito de Eneas* y *El despertar de Samoilo* forman un arco que abarca el viaje, el mito, el yo desplegado como una tragicomedia. La forma forzada a buscar nuevas posibilidades, a abandonar la complacencia en su agotamiento.

Dominio ibérico

De Heine a Bécquer

I

Tributario de los saldos gloriosos del Siglo de Oro, el romanticismo español dejó dos figuras de relieve: Mariano José de Larra, excepcional cronista de la vida madrileña que se suicidó a los veintiocho años y cuya influencia alcanzó a Sarmiento y Alberdi; y un poeta, José de Espronceda, que en sus mejores momentos es un eficaz imitador de Byron. Se puede además mencionar a José de Zorrilla, cuyo *Don Juan* es casi la única obra española del siglo XIX que aún se representa. Pero su interés no va mucho más allá de una pintoresca repatriación de un mito peninsular que hizo fortuna en el extranjero. En cuanto al Duque de Rivas, la pervivencia de su drama *Don Álvaro o la fuerza del sino* se limita exclusivamente al ámbito universitario.

Jaime Gil de Biedma se esforzó en rescatar a Espronceda del vacuo festejo de los académicos: "Espronceda es en nuestra lengua el primer poeta moderno" escribe en *El pie de la letra* (1980). Sin embargo, más allá de las eventuales euforias melódicas y algún simpático matiz satírico, *El Diablo Mundo* no puede ocupar el lugar del gran poema romántico que España no tuvo. ¿Por qué un crítico tan agudo como Gil de Biedma se equivoca tan visiblemente con Espronceda? La respuesta se halla acaso en la necesidad de los poetas españoles del siglo XX de darle al romanticismo castellano la relevancia que no tuvo –algo así como la angustia de *la falta* de influencias. Lectores tan lúcidos como Luis Cernuda o Jorge Guillén tampoco escaparon de este síntoma.

Gil de Biedma no niega que, para su operación de consagrar a Espronceda como padre de la modernidad en la poesía en castellano, necesita que el lector aporte una dosis de buena fe: "Acaso ello [la falta de reconocimiento para *El Diablo Mundo*] se deba a que la lectura de Espronceda, hoy, requiere una pequeña dosis de buena voluntad inicial. Hemos de empezar por educar nuestro oído, acostumbrado a una música verbal diferente, y por efectuar un reajuste de nuestra actitud lectora…". Pero si para percibir la importancia del poema debemos prepararnos para una inmersión en el túnel del tiempo, ¿dónde queda la presunta modernidad de Espronceda? Nadie pide semejante ejercicio para leer a Garcilaso o a Quevedo, cuya dicción resulta más cercana a nosotros.

II

Sintomáticamente, la bibliografía crítica acerca del romanticismo español se dedica, en buena medida, a negar la indigencia de su objeto de estudio. Navas Ruiz, por ejemplo, en *El romanticismo español* (1975) –uno de los estudios más citados– quiere convertir en virtud –la moderación– lo que fue tibieza e irrelevancia: "En contraste con Francia, aparece [el romanticismo español] como un movimiento bastante moderado, al modo inglés". Pero ese presunto "modo inglés" tuvo a Wordsworth, Keats, Shelley, Coleridge, Byron... Azorín pensaba que si en España no hubo romanticismo fue porque la literatura en lengua castellana no lo necesitaba. En *Clásicos y modernos* (1913) escribe: "No podemos asignar ningún fin concreto al llano romanticismo español. Tal romanticismo en realidad no existe (...) ¿Y cómo van a lograr estos dos fines [liberación con respecto a los modelos antiguos y contacto con la naturaleza] Larra, Saavedra, Zorrilla y Espronceda si en España no hay lugar a tal liberación? Lope de Vega había hecho trizas siglos atrás todas las reglas del teatro. Con la naturaleza se ha puesto en íntimo contacto Cervantes". En verdad, Azorín no hace sino reformular un lugar común acerca de España como objeto principal del exotismo europeo. Como inspiradora del romanticismo alemán, España y su literatura debían ser intrínseca y esencialmente románticas; es decir que si Merimée, pongamos por ejemplo, se pasea por Sevilla y después escribe *Carmen* debe ser porque el paisaje sevillano es en sí mismo romántico y poético. Los viajeros románticos en España encontraron lo que venían a buscar: las legendarias sombras de un pasado, un país envuelto todavía en brumas medievales, con caballeros quijotescos batiéndose por la grandeza del ideal católico frente al invasor infiel y por el honor de sus dulcineas, siempre con un romance a flor de boca. Pero toda esa estampa colorida y pintoresca era justamente aquello de lo que los escritores españoles debían huir. Para Schlegel, Calderón podía ser un estímulo; para los españoles no cesaba de ser una losa.

Vicente Llorens –en un libro también titulado *El romanticismo español* (1983)– adopta una perspectiva más crítica: como todos los textos sobre la materia, empieza por repasar la denominada "polémica calderoniana". Esta controversia, considerada como acta de nacimiento del romanticismo español, tuvo lugar entre Nicolás Boehr de Faber (alemán asentado en Cádiz –padre de la novelista Fernán Caballero–, quien en realidad no hizo otra cosa que traducir de forma parcial y, según parece, errónea algunos trabajos esenciales de A.W. Schlegel) y el entonces antirromántico José Joaquín de Mora. Pero lo que interesa señalar es la conclusión con que Llorens cierra el capítulo: "Ocurrió entonces lo que había de ocurrir otras veces en la España moderna, y no sólo en el campo literario. Un largo y penoso esfuerzo para ponerse a tono con el espíritu del tiempo, y cuando el objetivo parecía logrado, ya el tal espíritu había tomado una nueva dirección. De ahí la confusión, el tropel innovador y el persistente anacronismo de la cultura española, que vive en los tiempos modernos no sólo en una posición de inseguridad, sino moviéndose a contratiempo de la europea".

III

Contra ese panorama más bien pobre se elevará después la figura de Bécquer. Sólo forzando un poco las cosas se lo puede considerar un romántico: la primera *Rima* se publica en 1859, mientras que la edición definitiva del libro es póstuma, de 1871. Que en los manuales Bécquer aparezca en el capítulo "Romanticismo" no es sino, otra vez, la necesidad de cubrir un vacío, aunque para ello haya que deformar las periodizaciones literarias de los tratados. Pero para los poetas castellanos que, ya en el siglo XX, sentirán la perentoria necesidad de modernizar sus formas de expresión, las *Rimas* se convierten en una especie de puente, en un suelo en el que hacer pie en medio del abismo. La paradoja de la ubicación de Bécquer es que, habiendo escrito en un momento en que el movimiento romántico europeo era ya historia (la primera edición de *Las flores del mal* de Baudelaire es de 1857 –y es un autor considerado posromántico), y a pesar de que en cierto sentido su formación en la denominada "escuela sevillana" es aún neoclásica, las *Rimas* debieron llenar el vacío y al mismo tiempo emprender la superación del romanticismo, dando cuenta por sí mismas prácticàmente de todo el siglo XIX.

Cernuda escribe: "Bécquer desempeña en nuestra poesía moderna un papel equivalente al de Garcilaso en nuestra poesía clásica: el de crear una nueva tradición, que lega a sus descendientes"[111]. Aunque las *Rimas* de Bécquer nos resultan hoy débiles, demasiado vagarosas y sentimentales, de una melancolía solemne y algo cursi, Cernuda o Guillén, como le había sucedido antes a Juan Ramón Jiménez – "Són, Rima ya no podrán en muchos años usarse en España sin que vuelvan de Bécquer... El Són del corazón, la Rima golondrina", escribió en 1915–, no tenían otra figura a la que invocar, alguien que hiciera de puente entre las grandezas clásicas y la dicción poética contemporánea. En el libro citado Cernuda arranca con esta contundencia: "Tras un letargo de más de siglo y medio, la poesía española despierta en las *Rimas* de Bécquer". Guillén, en su búsqueda del poeta "soñador" que continúe la senda abierta por el místico, duplica la apuesta: "En España, de San Juan de la Cruz debemos pasar a Bécquer" –escribe en *Lenguaje y poesía* (1962). Trescientos años quedan en blanco en ese pasaje.

Cernuda, Guillén y, más tarde, Gil de Biedma son poetas críticos, asumen la necesidad de pensar su propia genealogía literaria como elemento imprescindible en la determinación de sus poéticas, en la definición de su lu-

---

[111] L. Cernuda, *Estudios sobre poesía española contemporánea* (1957), Madrid, Guadarrama, 1975, p. 40.

gar propio dentro de la tradición en la lengua. Para ello necesitaban contar con un faro desde el cual rechazar otras influencias indeseadas —empezando por el modernismo. Necesitaban ese padre del cual derivar. Es aquí donde aparece la angustia de *la falta* de influencias y el tortuoso ejercicio por el cual se le da a un poeta menor una dimensión con la que hoy nos resulta difícil acordar. A partir de entonces, una tradición equívoca viene otorgando a Bécquer el lugar del gran poeta romántico español.

IV

Existe otro modo de ver hasta qué punto se produjo en España una auténtica resonancia del movimiento romántico europeo: estudiar las traducciones en circulación por entonces. Más allá de la curiosidad despertada por Walter Scott —cuya imitación dejó en España, como en toda Europa, una larga serie de mediocres novelas históricas— sólo se cuentan fragmentarias traducciones de las obras de los hermanos Schlegel, algún cuento de Hoffman, poca cosa de Goethe: la primera traducción (anónima) de *Fausto* es de 1856. En cuanto a Byron, en 1825 Blanco White, exiliado en Londres, afirma de él que es un autor completamente desconocido en España.

Pero en medio de esta indigencia hubo una excepción: la de Heinrich Heine (1797-1856). Hecho curioso, porque la poesía de Heine es el capítulo final de la escuela romántica en Alemania –para algunos es ya un "anti-romántico"–, inexplicable sin el antecedente de Arnim, Brentano y, sobre todo, Goethe. Por otra parte, se trata de un caso notable de ida y vuelta, ya que Heine fue uno de los poetas que más seriamente se interesó por la literatura medieval española, principalmente por el romancero. Aunque virado hacia una melancólica ironía, la música del romancero español es uno de los polos del verso de Heine, quien se acercó a las rimas españolas de raíz popular a través de la versión del *Cid* que Herder había publicado en 1805, y seguramente aprendió de Friedrich Schlegel la exaltación de *El Quijote* y de Wilhelm Schlegel la de Calderón de la Barca. Más tarde, ya en Francia, Heine tomó de Merimée y de Dumas la visión exótica y colorista de Andalucía. Lo cierto es que en su primer volumen publicado, *El libro de canciones* (*Der buch der lieder*, 1827), hay una sección de "Romances". Más tarde se interesó también por los poetas medievales judeoespañoles, sobre todo por Jehuda Ben Halevy, en quien se inspiran varias composiciones de las "Melodías hebreas", de su segundo *Romancero* (1851). Un interés que, por otra parte, no parece haber compartido con ningún romántico español.

La excepcional presencia de la obra de Heine en España sigue un camino que va a dar, justamente, en las *Rimas* de Bécquer. Ya en 1856, el mismo año en que Heine muere en París, aparece en España una traducción de *La nueva primavera*, debida a Agustín Bonnat; para entonces, algunos poetas españoles ya habían tenido acceso a las traducciones francesas de Heine hechas por Gerard de Nerval (aparecidas en dos números de la *Revue des Deux Mondes*, en julio y septiembre de 1848), de la que derivarán, en segundo grado, varias ediciones en castellano, como la de Mariano Gil Sanz (1867). Pero la divulgación definitiva de Heine se debió a un poeta menor, Eulogio Florentino Sanz (1825-1881). Sanz, que había sido diplomático en Berlín, publicó en 1859, en la revista *El Museo Universal*, quince canciones tomadas del *Intermezzo lírico*.

José María de Cossío (*Cincuenta años de poesía española, 1850-1900*, Madrid, 1960, vol. 1, p. 347) escribe que "añade algo la revista [a la nota introductoria de Sanz] que aun perteneciendo a la órbita administrativa es bien expresivo del interés que esta poesía inspiraba: 'Advertimos a todos los periódicos que hemos resuelto usar del derecho que nos da la ley para impedir la reproducción de estas canciones sin nuestra anuencia'". Sanz, por otra parte, es en sí mismo un nuevo síntoma del vacío romántico español. No sólo porque este poeta y dramaturgo, que llegó a ser muy conocido en su tiempo —en 1854, por ejemplo, obtuvo un gran éxito con el drama *Don Francisco de Quevedo*—, ha pasado a la historia como traductor de Heine y gran amigo de Bécquer antes que como poeta o dramaturgo, sino además por esa característica falta de convicción en la nueva estética que él mismo impulsaba. Eusebio Blasco (*Mis contemporá-*

neos, Madrid, 1886, p. 6), al referirse a Sanz, quiere convertir esa flojera en arresto de superioridad: "Su cualidad era el orgullo, orgullo de su propio valer llevado hasta la exageración... Prefería morirse de hambre a escribir versos que, según decía, no habían de entender las gentes".

Da la impresión de que las múltiples traducciones de Heine de aquellos años fueron una manera de paliar ese vacío, idea que se refuerza al comprobar que en diversas ocasiones el estilo del poeta alemán es pobremente parafraseado en las denominadas "imitaciones". Al de Sanz habría que agregar el caso de Augusto Ferrán y Fornés, también gran amigo de Bécquer y a quien Cossío considera la principal figura de "la atmósfera poética prebecqueriana". También Ferrán había sido diplomático en Alemania y a su regreso a España tradujo a Heine ("Traducciones e imitaciones del poeta alemán Enrique Heine", *El Museo Universal*, 1861). Junto con Sanz, fue el principal responsable del interés de Bécquer por la obra de Heine.

Cossío, después de afirmar que las traducciones de Ferrán están visiblemente influidas por las de Sanz, rescata como "obrita maestra de ironía" y como evidencia de su "ruptura con el pasado romántico" esta imitación:

> Érase un rey y una reina,
> y érase un paje muy bello,
> tuvo amor la reina con el paje
> y el rey se murió de celos.

El cuento es viejo y sabido...
¡y en verdad es mucho cuento,
que nunca han de amar las reinas
al rey, sino al paje bello!

Es una traducción más o menos libre de una de las piezas breves de "Neuer Frühling" ("Nueva primavera"), primera sección de los *Nuevos poemas* (*Neue Gedichte*) que Heine publicó en 1844, y que Feliu Formosa traduciría un siglo más tarde (*Poemas de Heinrich Heine*, Barcelona, Lumen, 1976) de este modo:

Había un viejo rey,
tenía grave el ánimo y la cabeza cana;
el pobre rey casó
con una joven dama.

Había un bello paje,
tenía alegre el ánimo y rubia la cabeza;
sostenía la cola
de seda de la reina.

¿Sabes el aire antiguo?
¡Suena tan dulcemente, suena tan lastimero!
Debieron morir ambos;
se amaron en exceso.

No hace falta subrayar que la perifrástica "obrita maestra" de Ferrán no hace sino arruinar el encanto del poema original, al abolir la sutileza de su ironía y la fuerza de las elipsis.

V

Según Cossío, Eulogio Florentino Sanz "crea un Heine en castellano que, corresponda exacta o aproximadamente al modelo o no corresponda, forma escuela entre nosotros, y así es el Heine pasado por Sanz el que ha de provocar la revolución lírica que se centrará en el nombre de Bécquer". Se dibuja así una trayectoria curiosa: Heine lee una versión alemana del romancero tradicional español y asimila a una forma aproximada sus delicados, sutiles e irónicos *lieder*. Después un poeta español traduce parte de esa obra al castellano, y finalmente el más influyente lírico español del XIX, Bécquer, incorpora a sus rimas un remedo de la forma y el espíritu del poeta alemán. Apoyado por la exaltación romántica de la literatura con raíces populares, el romancero propiciaba así una renovación de los procedimientos líricos en lengua española a través de un rodeo por Alemania.

La mera enumeración de las traducciones de Heine realizadas durante el siglo XIX basta para comprobar la gran curiosidad que despertó: a la traducción de Eulogio Florentino Sanz y la de los citados Mariano Gil-Sanz y Augusto

Ferrán y Fornés (1861) se suman Julio Nombrela (1862, también éste muy amigo de Bécquer), Juan Font y Guitart (1862), Teodoro Llorente (1876), Manuel María Fernández y González (en un libro de título sorprendente: *Joyas prusianas*, 1879) y José Joaquín Herrero (*Poemas y fantasías de Enrique Heine*, 1884). Éste con prólogo de Menéndez Pelayo: "Así es que nuevas lecturas de Enrique Heine no sólo me han reconciliado con sus versos sino que me han convertido en el más ferviente de sus admiradores y el más deseoso de propagar su reconocimiento en España (...) Apenas hay efecto del alma moderna que no tenga su eco vibrante en alguna estrofa de Heine (...) Educado yo en la contemplación de la poesía como escultura, he tardado en comprender la poesía como música (...) recreándome en los rasgos irónicos, que forman, por decirlo así, el elemento másculo de esta poesía".

A estas traducciones se agregan la versión catalana del *Intermezzo* publicada por Apelles Mestres en Barcelona en 1895 y la numerosa cantidad de nuevas traducciones al castellano, catalán y gallego publicadas a lo largo del siglo XX.

VI

Cernuda sostiene que Bécquer no le debe demasiado a Heine. Es posible que esta posición dependiera de su voluntad de ir en contra de la crítica literaria escrita en la Península –que detestaba. Y en particular contra, Dámaso Alonso, uno de los que más insistió en la influencia de Heine en Bécquer: "En él es evidente –aunque haya quien se obstine en negarlo... el [influjo] de Heine" ("Originalidad de Bécquer", en *Poetas españoles contemporáneos*, 1952). Pero en un texto de 1935, "Bécquer y el romanticismo español", Cernuda había formulado la hipótesis de que el proceso fue en realidad inverso: es decir, que Sanz "dulcificó a Heine pues estaba influido ya por las *Rimas* de Bécquer", que aquel conocía por su amistad con el poeta: "De antemano advertiré que rara vez encuentro alguna vaga analogía entre Heine y Bécquer (...) Lo curioso y divertido del caso es que los traductores españoles de Heine adoptaban una forma métrica semejante a la que emplearía Bécquer en sus *Rimas*. Algunas de esas traducciones, hechas por Eulogio Florentino Sanz, ofrecen curiosa semejanza externa con Bécquer; ya es bastante para despistar a los no muy bien encaminados críticos españoles (...) Sabida es de todos su frecuente amargura incisiva [de Heine]. Bécquer, en cambio, no es irónico nunca. Y si intenta serlo, falla".

Aunque Cernuda dice estar prevenido ("no me guía en este punto ningún afán españolista con respecto a Bécquer"), es probable que, en ese ensayo anterior a su exilio, no se haya sustraído a la tentación de poseer algún modelo puro, no contaminado por influencia externa. Como si quisiera convertir en virtud el defecto que él mismo está señalando: la incapacidad de Bécquer para la ironía, para aquella "perversidad divina, sin la cual me es imposible imaginar lo perfecto" que Nietzsche atribuye a Heine en *Ecce Homo*. Que Cernuda, impulsado por su necesidad de erigir a Bécquer en la figura paterna del poeta romántico español no puede ser objetivo en este punto lo demuestra, además, el hecho de que ese artículo esconde una trampa. Cernuda admite que "en el prólogo suyo al libro de un amigo" Bécquer da una de las claves más elocuentes acerca de su propia poética: su preferencia por una poesía "natural, breve, seca, que brota del alma como una chispa eléctrica, que hiere el sentimiento con una palabra y huye...", en oposición a la poesía tradicional castellana, "magnífica y sonora (…) que se engalana con todas las pompas de la lengua...". Pero lo que Cernuda no dice es que ese libro de "un amigo" era *La soledad* de Augusto Ferrán y Fornés, quien no fue más que un imitador de Heine y, según todos los indicios, quien inició a Bécquer en la poesía de aquél. Quizás es un efecto de esa misma *náusea* que él creía intuir en los "románticos españoles frente a la naturaleza polvorienta y descolorida que nuestros poetas dieciochescos poblaban con sus pajarillos y sus ninfas espectrales".

Medio siglo antes de que Cernuda escribiera esas palabras sobre Bécquer, Emilia Pardo Bazán, que no tenía necesidad de subir o bajar a las *Rimas* de ningún pedestal, había sabido apreciar con mayor agudeza sus limitaciones: "De las numerosas cuerdas que enriquecen la lira heiniana, a Bécquer le faltan muchas. El autor del *Libro de los cantares* es más complejo y variado que el de las *Golondrinas*.

Nadie ignora hasta dónde sube en Heine la deliciosa ironía aristofanesca, de la cual sólo atisbos hay en Bécquer: la inspiradora cólera, la helénica maestría y perfección, la agudeza ingeniosa, la mordacidad y exquisito gusto crítico, la trascendencia de la sátira, la amplitud de la cultura; en una palabra, cuanto enriquece la forma bella y el fondo intelectual de un gran poeta contemporáneo, haciéndole universal y duradero" ("Fortuna española de Heine" en *Revista de España*, nº 440, 1886).

VII

El canto de Bécquer no alcanza la ironía, por eso no va más allá del sentimentalismo; quizá no podía ser irónico porque no tenía *de quién reírse*. Carecía de esos auténticos monumentos románticos que Heine asume mediante la parodia. Heine alcanza la grandeza definitivamente moderna de no tomarse demasiado en serio tampoco a sí mismo —de·no caer en la solemnidad. Desheredado por su tío banquero, a quien no le parecía cosa seria dedicarse a la poesía; rechazado por sus primas adoradas; judío que se convierte para allanarse el camino del parnaso alemán, pero a quien Alemania nunca acabará de asimilar como propio ("La docilidad de Heine para con la palabra corriente y de moda es el exceso de celo, un tanto imitativo, del excluido", escribe Adorno en "La herida Heine"); en París desde 1831, figura del exilio ilustrado junto a su amigo Karl Marx, asiduo de Balzac y de Victor Hugo, vivió largas penurias. Sobre todo después de que, en 1836, se decretara una censura total contra él en Alemania y el Estado francés le retirara la ayuda de cuatro mil francos anuales que le había concedido. Grandeza y miseria –él, tan alemán, tan judío, incapaz de unir esas dos identidades a pesar de todos los esfuerzos– se alternaron en un destino que sólo la risa podía expresar, elevándolo de la helada melancolía a ese extraño, inigualable precipitado de autocompasión y desengaño que es la sustancia de sus versos.

Frente a él, Bécquer piensa en nada y llora. Enjaulado en su monasterio desamortizado, a sus espaldas una tradición que no le ofrece soporte para el peso de una sátira. ¿Se puede acusar a Bécquer de haber captado un Heine a medias, algo más que un tono pero menos que un estilo? No del todo, pues para haberlo comprendido hubiera debido primero crear una literatura para destruirla después, haciendo de esos escombros su verdadera obra. Acaso demasiado para un hombre que no esté dotado de un talento monumental. Sostenido por una mano en el pedestal heiniano de los hoy denominados "prebecquerianos" y por la otra en una posteridad que, empezando por el hiperestésico Juan Ramón –que en la primera "caricatura" de *Españoles de tres mundos* lo ve "tembloroso, cianótico, tosedor, cojiéndose al mismo tiempo con la ola alta su inquieto sombrero de copa..."– Bécquer parece a veces que va a reír, pero el lamento y las tribulaciones sentimentales prevalecen. La rima XXXIX, por ejemplo:

¿A qué me lo decís? lo sé: es mudable,
es altanera y vana y caprichosa:
antes que el sentimiento de su alma,
brotará el agua de la estéril roca.

Sé que en su corazón, nido de sierpes,
no hay una fibra que al amor responda;
que es una estatua inanimada...; pero...

¡es tan hermosa!

Contra el poema XII del *Intermezzo Lírico:*

No me quieres, no me quieres,
y me mata tu desdén,
mas veo tu rostro hermoso
y soy más feliz que un rey.

Que me odias con toda el alma
dan tus frases a entender...
pero béseme tu boca
que yo me consolaré.

O el XIII:

Les dedico a tus ojitos
mis más tiernos madrigales
y a tu boquita pequeña
bellas endechas reales.

Tus mejillas me inspiran
el más pulido terceto...
Si tuvieras corazón...
¡cómo le haría un soneto!

(Traducción de José Fuentes Rivas: *Heinrich Heine, selección de su obra lírica*, Madrid, 1947.)

El sarcasmo de Heine es demasiado fuerte para el sevillano sentimental. A veces se acerca, y toca casi a Heine, por ejemplo cuando el sujeto del poema se entera por un tercero de la infidelidad de su esposa. Pero al final prevalece el patetismo bajo la forma de un elogio del chisme (Rima LI):

De lo poco de vida que me resta
diera con gusto los mejores años,
por saber lo que a otros
de mí has hablado.
Y de esta vida mortal y de la eterna
lo que me toque, si me toca algo,
por saber lo que a solas
de mí has pensado.

El ingenuo Campoamor casi parece más cercano del arte sutil de Heine cuando sabe poner un matiz irónico en alguna de sus *Doloras:*

Fue a presidio Juan Pascual
por artes de una mujer
y "la mataré al volver" dijo,
blandiendo el puñal.
Pero, ¿la mató? No hay tal;
cuando, del puñal armado,
la fue a asesinar, turbado,
no pudo vengar su queja,
porque al verla fea y vieja,
exclamó: "Ya estoy vengado".

VIII

El carácter epigonal, tardío y pobre de la poesía romántica española no constituye una anormalidad de interés meramente académico. Hay un largo capítulo en la formación de la sensibilidad y de la transformación del lenguaje poético, determinante para las grandes tradiciones europeas, que en castellano permaneció prácticamente en blanco. Desde entonces, todo lo importante que ha sucedido en la poesía escrita en castellano tiene una posición equívoca, un lugar desfasado y difícil de determinar. ¿No es la poesía de Antonio Machado, por ejemplo –y con independencia del rango estético que cada uno le adjudique– más *contemporánea* de lo que se escribió en el resto de Europa cincuenta o sesenta años antes que de lo que se escribía en su propio tiempo? Es obvio que, hoy en día, todo poeta joven en castellano hará sus lecturas cruzadas y sesgadas de la tradición inglesa, francesa, alemana. Pero la falta de una renovación del lenguaje poético que se extiende casi desde finales del barroco hasta entrado el siglo XX –y que el modernismo puso al día, pero, como no podía ser de otro modo, sólo tardía y parcialmente– ocasionó un disloque cuyas consecuencias duran todavía.

Cernuda y *Las nubes*

Con *Las nubes* (1940) la historia irrumpe en el virtuosismo melódico de Cernuda. Con *Las nubes*, Cernuda lleva la poesía en lengua castellana hasta su contemporaneidad. Al momento puro, a la dormida o agitada luz meridional, al goce o tormento del deseo de sus primeros libros, suceden el destierro, el dominio hispánico de la muerte, la lucha dramática —también en el sentido teatral del término— contra "el español terrible". Ese es, al mismo tiempo, el proceso por el cual la poesía española se abre a la posibilidad de una objetivación de la experiencia (histórica, erótica, estética). La Guerra Civil, que lo echa de España, arroja a Cernuda a la historia de España: en Escocia, en Inglaterra, en Estados Unidos o en México (donde muere a los 61 años), Cernuda es contemporáneo de su tiempo y del mundo, mucho más de lo que pudo serlo durante su juventud de impecable dandy andaluz.

En el exilio, luchando contra las tendencias tradicionales de la poesía castellana, Cernuda es, hasta su muerte, el primer poeta de la España de su tiempo. Jorge Guillén fue, en este sentido, su figura simétrica: toda su poesía permanece detenida en la epifanía del mediodía mediterráneo. Guillén y Pedro Salinas —lo testimonia la extensa correspondencia entre ambos–[112] representan el esfuerzo supremo por mantener a la poesía lejos del lodo del mundo, que por aquellos años era de sangre y fuego. También en esto fueron herederos puros de Juan Ramón Jiménez.

La irrupción de la historia en la poesía de Cernuda no es, entonces, una fatalidad: es una elección y un ejercicio de una dificultad extrema. Que él fue del todo consciente de la necesidad de tal empresa queda claro, por otra parte, cuando rememora su devoción juvenil por Juan Ramón Jiménez: "Cuánto trabajo me costaría luego librarme de ese tipo de poesía personal subjetiva, desatenta por completo ante la vida y el mundo". Ir de lo personal subjetivo a la objetivación: he ahí la forma en que Cernuda asume, en soledad y en posición extrínseca, el paso que la poesía española pedía sin que nadie más que él pudiera escucharla, aturdidos o enceguecidos como estaban todos por la hiperestesia juanramoniana y el resplandor católico de Guillén. Por eso señala: "Creo que fue Pascal quien escribió: 'No me buscarías si no me hubieras encontrado', y si yo busqué aquella enseñanza y experiencia de la poesía inglesa fue porque ya la había encontrado, porque para ella estaba predispuesto". A partir de los años sesenta –piénsese en el retraso y la dificultad con que se accedía en la Península a la obra de los exiliados–, los jóvenes poetas que en

---

[112] Pedro Salinas/Jorge Guillén, *Correspondencia*, edición, introducción y notas de Andrés Soria Olmedo, Barcelona, Tusquets, 1992.

España intentaban no seguir repitiendo la misma canción lo tomaron como modelo; Gil de Biedma, por ejemplo, escribe en 1962: "[Cernuda] no influye, enseña. Cernuda es hoy por hoy, al menos para mí, el más vivo, el más contemporáneo entre todos los grandes poetas del 27, precisamente porque nos ayuda a liberarnos de los grandes poetas del 27". Donde por "los grandes poetas del 27" debe entenderse sin duda a Guillén, a quien Gil de Biedma dedica más de la tercera parte de sus ensayos reunidos.[113] Y, a través de Gil de Biedma, buena parte de la poesía española de finales del siglo XX y principios del XXI desciende directamente del Cernuda de madurez.

El esfuerzo de Cernuda por encontrar las formas de objetivar la experiencia, preocupación predominante en su obra desde *Las nubes*, es parte esencial de ese "trabajo" por alejarse de "la poesía personal subjetiva". No hay posibilidad de error en este punto; en "Historial de un libro"[114] subraya aun, refiriéndose a *Invocaciones*, el libro anterior a *Las nubes*: "me [sentía] capaz (perdóneseme la presun-

---

[113] Cf. Jaime Gil de Biedma, *El pie de la letra (ensayos, 1955-1979)*, Barcelona, Crítica, 1980. El volumen contiene además tres artículos dedicados a Cernuda, uno de los cuales es casi imprescindible para una buena lectura de *Las nubes*: "Como en sí mismo, al fin". Es el ensayo que cierra el libro.

[114] "Historial de un libro *(La realidad y el deseo)*" se publicó por primera vez, parcialmente, en *Poesía y literatura* (1960). Más tarde fue incluido, ya restaurados los cortes sufridos, por Derek Harris y Luis Maristany en su edición de la *Prosa completa* de Cernuda (Barcelona, Barral, 1975). También fue incluida como apéndice a la *La realidad y el deseo* (1924-1962), Madrid, Alianza, 2000.

ción) de decirlo todo en el poema, frente a la limitación mezquina de aquello que en los años inmediatos anteriores se llamó poesía 'pura'". Es cierto que ya en sus primeros libros –los que abarca la primera edición de *La realidad y el deseo*, de 1936– se nota una cierta tensión que aviva la impecable composición de sus ejercicios clásicos. No es difícil adivinar que esa inquietud está relacionada con la homosexualidad. A partir de *Égloga, elegía, oda* (1928) y de *Invocaciones* (1935) el amor está cada vez más presente, y el objeto amoroso es cada vez más claramente masculino. En esos libros hay casi un exhibicionismo de precisión métrica y acentual. La bacanal rubendariana muestra allí una de sus dos claras posteridades: en América Latina, el posmodernismo fue hacia la vanguardia y derivó en un verso de métrica irregular, muy libre, que cultivaron Huidobro, Borges, Neruda, más tarde Lezama Lima. En España hay un retraimiento hacia las formas tradicionales, como en el *Romancero* de García Lorca, en el *Cántico* de Guillén o en estos libros primeros de Cernuda.

Desde un principio es notoria la consciencia formal de Cernuda, pero también cierta limitación de registro temático, que lo impulsa a una épica del amor materializada con frecuencia en una imaginería influida por el surrealismo. Allí Cernuda tiene momentos de una precisión memorable, como en "No decía palabras":

>   porque ignoraba que el deseo es una pregunta
>   cuya respuesta no existe,
>   una hoja cuya rama no existe,
>   un mundo cuyo cielo no existe.

Pero también una visión extasiada del paisaje, que esconde bajo su pulimiento la amenaza de un exceso de abstracción; peligro, por otra parte, que acechaba –cuando no arruinaba– a las grandes masas de líquido poético que surgieron en castellano bajo la égida de Rimbaud y de Breton:

> Mas hoy es imposible
> buscar la luz entre barcas nocturnas;
> alguien cortó la piedra en flor,
> sin que pudiera el mundo
> incendiar la tristeza.
> Sólo un lugar existe, cuyos días
> nada saben de aquello,
> aunque todo allí sea mortal, el miedo, hasta las plumas;
> mas las olas abrazan
> a tanta luz aún viva.

En el Cernuda anterior a la Guerra Civil la grandeza es también el límite: la sutileza de un oído preparado para asumir la perfección del metro y el ritmo. Ahí se hace evidente el magisterio de los grandes clásicos, sobre todo de

Góngora y Garcilaso. A partir de *Las nubes*[115] la inflexión cambia de signo; la filigrana de la estrofa empieza a disolverse, la síncopa del verso se fuerza hasta el borde del disloque (Cernuda siempre dijo que el jazz formaba parte de sus fuentes de inspiración), aunque nunca abandona del todo su sujeción a esquemas métricos que formen un sistema coherente dentro de cada composición. Sucede, sin embargo, un hecho que no debe pasarse por alto: *Las nubes* empezó a escribirse en Valencia, en mayo de 1937; el primer poema compuesto fuera de España es probablemente "La fuente", de la primavera de 1938, anotado en París tras un paseo por los Jardines de Luxemburgo; y la primera página escrita en Londres es "Niño muerto", poco posterior a aquélla. Estos datos son significativos puesto que el cambio de inflexión no se da de un solo golpe sino a través de numerosos vaivenes, más o menos paralelos a los desplazamientos que Cernuda hizo por entonces, hasta asumir que no podía volver a España y aceptar un cargo de profesor en Inglaterra. *Las nubes* puede leerse, entonces, como un hiperpoema o largo

---

[115] Los poemas de *Las nubes* fueron escritos entre la primavera de 1937 y finales de 1939 o principios de 1940, entre Valencia, París, Londres y Glasgow. La mayor parte de ellos no vieron la luz hasta ser incluidos en la segunda edición de *La realidad y el deseo*, publicada por la editorial Séneca, México, 1940. *Las nubes* se publicó más tarde, en 1943, como libro separado en Buenos Aires, en la colección Rama de Oro, dirigida por Rafael Alberti; esta edición fue considerada por Cernuda como "pirata". Para las fechas, lugares y circunstancias en que fue escrito *Las nubes* véase la excelente edición crítica de Luis Antonio de Villena: Luis Cernuda, *Las nubes, Desolación de la Quimera*, Madrid, Cátedra, 1984.

metapoema acerca del complejo paso de lo "personal subjetivo" a la poesía atenta "ante la vida y el mundo", puesto que está allí la búsqueda de las diversas formas de objetivación de la experiencia. Es curioso, y no poco significativo, que haya elegido para ello algunos temas de los Evangelios, como en "Lázaro" o "La educación de los Magos".

El inicio de la Guerra Civil, el asesinato de García Lorca, el Congreso Antifascista de Valencia encuentran a un Cernuda preparado para convertirse en el artífice de la incorporación de esos golpes a la poesía en lengua castellana: no mediante un mero cambio de argumento sino a través de una entera mutación de la manera de asimilar y transformar el asunto del poema. La labor no era sencilla; Cernuda iba hacia una forma de decir en verso a la que, como apunta Gil de Biedma, "tampoco se pliega fácilmente el idioma castellano". De allí la rareza de su acento, que suena a veces como un amargo matiz extranjero en la dulce modulación andaluza.

Se trata de un acontecimiento *dinámico*, en el que Cernuda encarna la historia de la poesía castellana de los últimos siglos, aceptando —quizá sin plena consciencia de que esa empresa no atañía sólo a su obra— el desafío de su transformación. Así, en *Las nubes*, empieza por remedar ese romanticismo que la poesía española —a pesar de la devoción de Cernuda por Bécquer— nunca tuvo de forma seria. El primer poema del libro, "Noche de luna", carecería de sentido si España hubiera tenido, a su debido tiempo, alguna figura comparable a la de Leopardi, evidente influencia de esa página:

> ... Aquella diosa virgen
> que misteriosamente, desde el cielo,
> con amor apacible
> asiste a sus vigilias
> en el silencio dulce de las noches.

Parece que el poeta necesitara este escalón para saltar hacia otra cosa, para cumplir el proceso hacia una forma nueva de pensar la poesía en castellano. Incluso en la segunda pieza, "A un poeta muerto", donde el asunto es el fusilamiento de García Lorca y, por tanto, señala la primera irrupción precisamente fechada de la historia en la poesía de Cernuda, la mentalidad sigue siendo romántica: García Lorca aparece como el artista por antonomasia, víctima propiciatoria de una sociedad brutal que no puede tolerar la finura de su espíritu, no muy lejos de "esa rara especie de hombre" que es el poeta muerto de frío por la crueldad de "El rey burgués" en el primer cuento de *Azul*, de Darío. Sin embargo, en la segunda estrofa de este poema, vemos la transición que lleva de una visión típicamente romántica del poeta (pocos años atrás Cernuda había traducido, con la ayuda del alemán Hans Gebser, algunos poemas de Hölderlin, cuyo eco parece oírse aquí) a la dureza de una mirada sobre la idiosincrasia española:

Leve es la parte de la vida
que como dioses rescatan los poetas.
El odio y destrucción perduran siempre
sordamente en la entraña
toda hiel sempiterna del español terrible,
que acecha lo cimero
con su piedra en la mano.

Los tres últimos versos –ya más cerca de Unamuno y del Machado de *Campos de Castilla* ("Castilla miserable, ayer dominadora,/ envuelta en sus harapos desprecia cuanto ignora") que de cualquiera de aquellas estampas románticas o de cualquier versión juanramoniana de la "poesía desnuda"– marcan la dirección que seguirá a partir de entonces. Sin embargo, todo *Las nubes* está marcado por la tensión entre ambos polos; sin dejar el poema sobre la muerte de Lorca leemos:

La muerte se diría
más viva que la vida
porque tú estás con ella,
pasado el arco de su vasto imperio,
poblándola de pájaros y hojas
con tu gracia y tu juventud incomparables.

Versos hermosos, pero de un lirismo un tanto vago, en parte por los adjetivos hiperbólicos. Cernuda luchó a consciencia por vencer esta tendencia suya, que él identificaba con la parte perniciosa de la tradición española; deliberadamente o no, en todo "Historial de un libro" habla no sólo como un poeta español, sino como la poesía española misma. Por eso rechaza, en ese texto fundamental, no sólo algunos de sus poemas de la década de 1930 sino el elogio que de ellos hizo la crítica del momento: "Se nota también, en el tono de los mismos, ampulosidad; de ahí que me parezca absurda la pretensión de algunos de que 'El joven marino' sea el poema mejor que yo haya escrito. En realidad si les parece así es a causa de esos dos defectos que acabo de indicar, garrulería y ampulosidad, que tan característicos son de nuestros gustos literarios tradicionales". Y también, al referirse al beneficio de su intenso contacto con la poesía en lengua inglesa: "Aprendí a evitar, en lo posible, dos vicios literarios que en inglés se conocen, uno, como *pathetic fallacy* (...), lo que pudiera traducirse como engaño sentimental, *tratando de que el proceso de mi experiencia se objetivara, y no deparase sólo al lector su resultado, o sea, una impresión subjetiva*; otro, como *purple patch* o trozo de bravura, no condescendiendo con frases que me gustaran por sí mismas y sacrificándolas a la línea del poema, al dibujo de la composición" (el subrayado es nuestro).

Quizás nunca consiguió del todo estos difíciles objetivos, pero desde *Las nubes* toda su producción traza una curva asintótica con ese eje. "Lázaro", al que él llama "una de mis composiciones preferidas", compuesto a partir de un pasaje del Evangelio de San Juan, es uno de los poemas fundamentales en esa línea: constituye uno de sus primeros intentos de monólogo dramático, tal como lo había formulado Robert Browning, y no casualmente es el primer poema del libro que mezcla versos de metro diverso, entre el heptasílabo y su reduplicación, el alejandrino:

> Todos le rodearon en la mesa.
> Encontré el pan amargo, sin sabor las frutas,
> el agua sin frescor, los cuerpos sin deseo;
> la palabra hermandad sonaba falsa,
> y de la imagen del amor quedaban
> sólo recuerdos vagos bajo el viento.
> Él conocía que todo estaba muerto
> en mí, que yo era un muerto
> andando entre los muertos.

Un exiliado en la Europa de la Segunda Guerra Mundial: un fantasma en el reino de las sombras. Lázaro sólo resucita para comprobar que todo en el mundo es muerte. Desde entonces, la presencia de la muerte es cada vez mayor: "Vivir sin estar viviendo", "Con las horas contadas", "Desolación de la Quimera" son títulos de la última época de Cernuda. Pero si, en "Lázaro", la referencia formal es Browning, sin duda la apoyatura teórica está tomada de Eliot y su idea del "correlato objetivo". En todo caso, en

1959, durante una entrevista en la que le preguntan por "los poetas máximos del mundo a esta hora", Cernuda cita, además de Eliot y otros nombres, a "Cavafy, el poeta griego de Alejandría. (...) aquél sobre tema de Plutarco, donde Marco Antonio oye en la noche la música que acompaña al cortejo invisible de los dioses, que lo abandonan, me parece una de las cosas más definitivamente hermosas de que tenga noticia en la poesía de este tiempo". Curiosamente, la necesidad de objetivación, que responde a los golpes de la realidad, se materializa en el mito. Allí parecen fundirse, o al menos superponerse, la realidad como experiencia común y el deseo como situación subjetiva. El concepto de poesía de la experiencia, hoy socorrido hasta vaciarlo de cualquier sentido serio, aparece aquí en su materialización más depurada en lengua castellana. A más de sesenta años de su primera edición, *Las nubes* representa hoy la posibilidad de una lectura en todo su espesor: como el comienzo de una era de la poesía española que todavía no se ha cerrado; como documento de un poeta en el que la sensualidad y la sordidez de un mundo lleno de muerte se funden en una horma única. En la soledad y el aislamiento, donde toda una hora del mundo se detiene en un poema.

Gabriel Ferrater y el *Poema inacabado*

Your poems and my poems, our old own private joke!
Jaime Gil de Biedma, "A Gabriel Ferrater"

I
Ferrater y Gil de Biedma en la posguerra española

Gabriel Ferrater (Reus, 1922-Sant Cugat, 1972) es un caso extremo dentro de la tradición de poetas críticos que se abre con el romanticismo: nos obliga a hablar al mismo tiempo de la poesía de un gran crítico y de la crítica de un poeta muy singular. Lógicamente, se puede leer a Ferrater sin conocer su obra crítica, pero es condenarse a perder la mitad y, quizás, a malinterpretarlo todo. Ese reordenamiento de su genealogía poética que es propio del poeta moderno, Gabriel Ferrater la hizo con una sutileza, con un saber, con una inteligencia como muy pocos tuvieron en su tiempo, el de la gris España de posguerra.

Ferrater fue durante largos años muy amigo de Jaime Gil de Biedma (Barcelona, 1929-1992); en una entrevista afirmó que el hecho de escribir en lenguas distintas favoreció esa amistad: de otro modo hubieran acabado imitándose el uno al otro y eso o bien hubiera perjudicado o la amistad lastrado los versos de alguno de ellos: "Tuvimos una suerte fantástica, porque uno escribía en catalán y el otro en castellano, ya que si no, nos hubiéramos copiado mutuamente", dice. Los unía la intención de darle al poema una textura narrativa, de hacer que el poeta no se mirase a sí mismo sino a través de una mirada a su paisaje social, a ese miserable e infinitamente triste paisaje de la Barcelona de los años cincuenta. Ferrater cuenta que habían hecho con Gil de Biedma un pacto: frente a lo evanescente, a la opacidad de la poesía influida por Rimbaud y los surrealistas (entre la cual se encontraba una buena cantidad de lo escrito por los miembros de la generación del 27), se habían propuesto hacer de la poesía un género translúcido, legible: "Jaime Gil y yo hicimos una confabulación un poco pueril, pero que nos entusiasmaba, y es la siguiente: que un poema ha de tener como mínimo el mismo grado de sentido que una carta comercial (...) ¿Qué sentido tiene decir, como dice algún poeta, *con sangre querría hacer una canción de mármol?* Ninguno. Y esta complicidad era contra todos, no sólo contra los irrealistas, sino también contra un Blas de Otero, que era un supuesto realista, pero cargado de un fondo de demencia socialoide", dice[116]. Es decir, el poema no renuncia a tener varios niveles de sentido, a eso que la semiología llama la "connotación"; pero, para llegar a eso, al menos debe tener "un" sentido claro,

---

[116] Baltasar Porcel: "Gabriel Ferrater, in memoriam" en G. F., *Papers, cartes, paraules*, edición de Joan Ferrater, Barcelona, Quaderns Crema, 1986.

no debe ampararse en el hermetismo para aparentar una profundidad de significado.

Es curioso que, con la excepción del *Poema inacabado*, Ferrater apenas cumplió con ese pacto: en *Mujeres y días*[117] muchos poemas empiezan planteando una anécdota o una situación muy clara y comprensible, pero tanto formal como temáticamente se vuelven cada vez más complejos, y no pocos de ellos plantean serios problemas de comprensión. Lo cual muestra no sólo el hecho de que los poetas traicionan en muchas ocasiones sus propias premisas, sino además (y esto parece mucho más importante) que a veces un escritor ataca con dureza una determinada estética no porque le sea del todo ajena sino, al contrario, por su dificultad para desprenderse de ella, como quien insulta por amor. En una de sus entrevistas, Ferrater reconoce que en los años pasados en Francia, durante la Guerra Civil (tenía entonces quince años) escribió poemas surrealistas en francés y "un ensayo sobre Lautréamont".

En todo caso, eso no oculta el hecho de que tanto Ferrater como Gil de Biedma intentaron romper con esa actitud que, más o menos desde el simbolismo francés de finales del XIX, aboca a la poesía a convertirse en un asunto gremial, en un rito para iniciados, que rechaza al público profano porque teme que con la vulgaridad de su entendimiento

---

[117] Ferrater reunió toda su poesía en el volumen *Les dones i els dies*, Barcelona, Edicions 62, 1968, traducida como *Mujeres y días* (Barcelona, Seix Barral, 1979, trad. de P. Gimferrer, J. A. Goytisolo y J. M. Valverde).

manche la delicadeza de los versos. Lo curioso es que en este rechazo Ferrater incluyese también a la poesía de carácter realista o "social", como se decía en España en los años cincuenta y sesenta, que le parecía muy insustancial. Lo vemos en el pasaje antes citado, cuando alude a Blas de Otero, y lo repite en el *Poema inacabado*: "No creas que escribo poesía/ de alegoría, que denominan/ hoy realista, y que da pena".[118] Él se abstiene de atacar a sus contemporáneos, pero se burla, por ejemplo, de un Miguel Hernández, de quien cita estos versos: "¿Quién levantó estos olivos...?/ No los levantó la nada/ ni el dinero, ni el señor...". Y comenta: "Bueno, la nada desde luego, no. La nada no levanta nada. Lo que levanta los olivos de Jaén es el dinero y el señor. El tiempo de explotación agrícola aceitunera requiere mucha inversión de capital; por eso, exactamente ahora como en el tiempo de los moros, lo que levanta los olivares de Jaén es el dinero y el señor. Naturalmente que también están los obreros, pero el negar la evidencia es lo que me repele".

Por supuesto todo esto esconde una gran ironía, porque Ferrater aplica una especie de análisis histórico y económico a un poema lírico, pero es interesante ver la forma tajante en que rechaza el poema reducido a consigna, incluso en una época como la suya, en la que era casi inevitable que determinados versos se convirtieran en estribillos,

---

[118] Se sigue la traducción de Joan Margarit y Pere Rovira, Barcelona/Madrid, Enciclopedia Catalana/Alianza, 1989.

en la desesperada lucha contra el poder de un dictador de crueldad metódica y prolongadísima. Tampoco el García Lorca surrealista quedó a salvo de esta inquisición; Ferrater no quería mártires poéticos, quería buenos poetas y deseaba ejercer una crítica que no se redujese a consignas ideológicas, aun en la época más plomiza de la dictadura.

Esto lleva a una cuestión que estará muy presente en el *Poema inacabado*: una de las enseñanzas que Ferrater parece haber sacado de la Guerra Civil es la decepción frente a toda apuesta colectiva. Escribe: "bajo las guerras civiles/ la gente aprende a ser libre". Es una afirmación provocativa y paradójica, porque la mayoría de los españoles, durante la Guerra Civil y sobre todo en la posguerra, aprendió más bien a someterse al poder, a resignarse a la pérdida de toda libertad. Justamente esa conculcación de la misma condición de ciudadano para volver a un tiempo medieval en que las cosas permanecían inmóviles, sin evolución posible, lleva a Ferrater a plantear la posibilidad (de todas formas condenada al fracaso) de que el hombre ejerza su libertad en el ámbito privado, desengañado por completo de toda apuesta por lo colectivo. En este sentido, va frontalmente en contra de la figura del poeta como pedagogo, cree que no hay por qué exigirle una autoridad moral mayor que la de un ingeniero o un albañil. En una entrevista, declara: "Para el lector, lo importante son los libros, no los autores. (...) Al escritor, al músico, al pintor, se les atribuyen unas funciones distintas de las que se atribuyen a personas normales. Por ejemplo: una persona que es escritor y pastelero, el poeta catalán Foix. Alguien puede preguntarse si lo importante es el Foix persona o el Foix poeta. Pero a nadie se le ocurriría preguntarse si lo importante es el Foix persona o el Foix pastelero"[119]. Ferrater delimita muy bien su ideal de poeta: ni el hermético y divino lírico rimbaudiano, como pudo serlo en España un Juan Ramón Jiménez, ni el que se acerca a la lengua coloquial para tomarla como podio de un discurso político o ideológico. Ferrater impugna esa polaridad o, al menos, quiere mostrar que hay zonas intermedias o excéntricas con respecto a ella, y que esas son las que realmente interesan.

Pero aún se debe responder a esta pregunta: ¿por qué "bajo las guerras civiles/ la gente aprende a ser libre"? En el prólogo a la traducción castellana del *Poema inacabado* señalan Joan Margarit y Pere Rovira: "Lo que preocupa al narrador del *Poema inacabado* no es tanto la sociedad oprimida como la opresión que ésta pueda ejercer sobre la intimidad". Aunque esto puede sonar poco ético, Ferrater se coloca en la posición de un hombre que, ante la completa certeza de que toda lucha es inútil, busca recortar un trozo de intimidad habitable en medio de la grisura del mundo que lo circunda.

---

[119] Federico Campbell, en Gabriel Ferrater, *Papers, cartes, paraules, op. cit.*, p. 513.

Ferrater y Gil de Biedma coincidían en la búsqueda de un lector que no se redujera al gremio de los poetas, querían al lector común. En esta actitud, la influencia de Bertolt Brecht parece evidente, y da la impresión de que Ferrater era consciente de ello. En cierto modo, consiguieron lo que se proponían: son poetas a los que la gente lee al menos un poco más que a los otros, porque encuentra en ellos un catálogo de las experiencias propias de la época, y una determinada visión del paisaje barcelonés, como desde otro punto de vista puede haberlo en las novelas de Mercè Rodoreda o Juan Marsé. Ferrater no es ingenuo cuando declara que muchos de sus poemas "suceden en la calle". "Lo que queríamos Jaime y yo no eran tonterías de poesía social –dice–, sino que la poesía fuese tan interesante como, digamos, una novela: expresar situaciones humanas, partiendo de la base de que a las personas lo único que les interesa son los hombres y las mujeres, con la misma complejidad con la que tú puedes escribir una novela. Y creo, por cierto, que lo hemos conseguido."

II
La poesía como proyecto

Desde fuera de Cataluña y de España, y desde una cultura literaria tan autosuficiente como la francesa, supo sin embargo apreciarse con claridad la actitud de Ferrater;

William Cliff –que, siendo belga, también proviene de una posición cultural y lingüística periférica– escribe en el prólogo de su traducción de la obra de Ferrater (*Poéme inachevé*, Bruselas, Ercée, 1985): "Encontré en Ferrater la expresión concreta de aquello que se escondía en la conciencia de mi generación. Mientras los grandes representantes de la poesía francesa moderna –Michaux, Eluard, Saint-John Perse, Jouve– hablaban mediante símbolos y parábolas, o por expresiones indirectas, sin mostrar jamás un *yo* concreto, el yo de ustedes y el mío, que camina por la calle, come y está obligado a trabajar en esta sociedad para ganarse la vida y asegurarse la subsistencia, hice el sorprendente descubrimiento de un poeta vivo en la España franquista, (...) que no transmutaba esas contingencias en generalizaciones, en fábulas o en aventuras épicas y simbólicas".

Ferrater creía, y lo formuló de múltiples maneras, que la inteligencia es un elemento importante de la poesía, de la escritura y la lectura de poesía. Nada de escuchar el dictado más o menos automático del inconsciente; nada de poner lo sensual en primer plano y llenar el poema de imágenes vagamente eróticas; nada de dejarse herir por la amante traidora y escribir sangrantes versos sobre la crueldad del amor y la negra noche solitaria. Quería una poesía que supiera observar el paisaje urbano y social, y que pudiera defender un proyecto. Ahí aparece la conciencia de la historia: porque de la misma forma que un pintor, si es un artista con una mínima solvencia, es consciente de la existencia de la fotografía y de toda la historia del arte en el momento en que decide cómo pintar un paisaje, así un poeta no puede ser ingenuo en el momento de escribir acerca de su propia experiencia, porque tiene a sus espaldas mucha tinta, mucha historia, y no puede pararse frente a la cuestión como si fuera el primer hombre al que se le ocurre escribir acerca de eso. Se trata de una operación crítica, cercana a las ideas de Eliot acerca de la necesidad de tomar conciencia y perspectiva histórica sobre la propia tradición, en la línea de la que encontramos en *El pie de la letra*, los ensayos de Gil de Biedma: fascinado por el formalismo de Jorge Guillén, pero incómodo a la vez por la superficialidad de sus asuntos, Gil resuelve la encrucijada "descubriendo" al último Cernuda. Y, en efecto, estos versos de Cernuda podrían encabezar buena parte de la obra de Gil y de Ferrater:

> En el poeta la espiritual compleja maquinaria
> de sutil precisión y exquisito manejo
> requiere entendimiento, y no tan sólo
> en quienes al poeta se aproximan
> sino también en quien detenta a aquélla.

"Entendimiento": en el caso de Ferrater, esa operación crítica recorre toda su obra, y él mismo la subraya, por ejemplo cuando dice: "Yo no sé qué es la inspiración, o lo sé muy poco (...). Hacia 1958, cuando tenía 36 años, que es una edad ya muy mayor para un poeta, me puse a escribir por primera vez porque tenía ciertas cosas que decir, sobre los hombres, las mujeres, España, etcétera. Creía que el procedimiento para expresarme mejor sería la prosa, una especie de aforismo al estilo de Nietzsche o de La Bruyère, pero no me acababa de salir bien. Luego Shakespeare me reveló las posibilidades de la poesía. Mi primer libro está escrito por el procedimiento mental siguiente: yo pensaba que había que escribir un poema sobre tal tema, producto de la observación moral, psicológica, sobre la gente; y entonces esperaba dos o tres semanas a que de pronto este tema puramente abstracto, intelectual, se concretara mediante una anécdota o mediante la observación de una cosa vista por la calle. (Casi todos mis primeros poemas ocurren en la calle.) Y al encontrar eso, el poema ya estaba prácticamente hecho. ¿Dónde está la inspiración en todo ese proceso? En ninguna parte..."[120].

Nada más lejos del mito baudeleriano o rimbaudiano del poeta innato, predestinado a escribir poesía, del maldito. Resulta curioso este autorretrato de un intelectual que, pudiendo elegir libremente su instrumento expresivo, se decide por el verso. Lo que, por otra parte, supone un acto de amor por la poesía mucho mayor que el de quien se cree predestinado a ella, puesto que es un ejercicio de libertad. Fue Shakespeare, dice, quien le reveló las posibilidades de la poesía, quien le enseñó que no existe otro género capaz de abarcar tantos registros y sentidos al mismo tiempo;

---

[120] Federico Campbell, *op.cit.*, p. 513.

quien le enseñó que el lector potencial de un buen poema incluye como mínimo a toda una comunidad lingüística. Así, el *Poema inacabado* está más cerca de un relato versificado que del lirismo barroquizante y surrealista a lo Vicente Aleixandre, por hablar de una figura muy influyente por aquellos años en el medio español. Recuerda un poco aquella ocurrencia de Jacques Lacan cuando citó el famoso lugar común de la crítica clásica, debido a Buffon: "El estilo es el hombre", para agregarle: "...a quien uno se dirige". De hecho, Ferrater dice algo muy parecido en un pasaje del *Poema inacabado*:

Que un verso que ignora a quien habla
se parece al que se lanza
a una piscina sin llenar.

Se podría trasladar esta afirmación a términos lingüísticos: el emisor (de poesía) debe tener en cuenta al receptor (es decir, al lector) para determinar su código, a riesgo de emitir un mensaje que luego no pueda ser decodificado y, por lo tanto, resulte ininteligible. Porque, en efecto, lo que Ferrater nos está diciendo todo el tiempo, en sus ensayos, en sus entrevistas, en sus críticas, es que la poesía que no tiene al menos *un* sentido no entra dentro del pacto comunicativo que todo texto debe establecer con el público, con el lector, para adquirir sentido.

III
La poesía como instrumento

Ferrater elige la poesía entre los géneros literarios porque se siente en condiciones de dar con el código inteligible. Él insistió acerca de la libertad de esa elección siempre que se le presentó la ocasión. En 1968, cuando por primera vez toda su obra poética se recogió bajo el título de *Les dones i els dies*, insertó esta "Nota": "El autor hace notar que, a pesar de que las piezas aquí recogidas son poemas desde el momento en que están escritas en verso, las cosas que dicen no estaban fatalmente destinadas a la poetización. Así, por ejemplo, *A l'inrevés* es un comentario crítico sobre el *Huckleberry Finn* de Mark Twain, y la *Cançó del gosar poder* es un ejercicio sobre los verbos modales catalanes. Pero el autor no ha arribado aún a escribir en una prosa que no tenga forma de esponja". Evidentemente, también ésta es una declaración irónica: la tradición tiende a enseñarnos que la poesía es el género sublime ; y en cambio aquí tenemos a un poeta que dice escribir poesía porque su prosa no es "aún" lo suficientemente buena.

Al tiempo que niega el innatismo, la poesía como destino, idea tan arraigada incluso entre las vanguardias, declara el carácter instrumental y hasta transitorio del verso, el hecho de que el verso puede expresar incluso aquello que no estaba "fatídicamente" destinado a transmitirse como poesía, hasta que su autor sea capaz de desarrollar una buena prosa. Ferrater, en esto, es ya un posmoderno: determinado a sacar grandeza de su posición epigonal, ve el arte como una galería de estilos, como un catálogo de registros de que el poeta puede servirse según las necesidades que le plantee su material.

Todo esto tiene mucho que ver con el *Poema inacabado*, porque permite a Ferrater elegir esa forma medieval que él encuentra en un poema del ciclo artúrico; él era un gran lector de poesía medieval, cosa que muy probablemente había aprendido de J. V. Foix, uno de sus maestros. A diferencia de la posición romántica, que se afirma sobre lo irreductible de la subjetividad y proclama en consecuencia que su expresión debe ser siempre original, distinta de toda otra, Ferrater expresa su deseo de decir algo acerca de su país, sus contemporáneos, de la España de posguerra, y para eso escoge la forma que más le conviene: en este caso, no una forma nueva sino una especie de molde donde habrá de verter una materia.

Ferrater puede verse como el anti-Rimbaud, antípoda del genio innato y por eso precoz: si Rimbaud escribe su obra entre los 17 y los 20 años (entre 1871 y 1874), y aparece como una especie de médium, de adolescente traspasado por la potencia de unas fuerzas que él mismo no puede dominar ni comprender, Ferrater empieza a escribir poesía tardíamente, a los 36 años, con plena conciencia de sus objetivos e instrumentos. Sin embargo, las similitudes entre ambos poetas son más significativas de lo que parece: los dos escribieron toda su obra en unos pocos años, y en cierta manera pasaron el resto de sus días tratando de apartar la poesía de su camino: Rimbaud se fue a África, donde emprendió toda clase de aventuras y sólo volvió a Francia para morir, el 10 de noviembre de 1891; durante los diez años que permaneció en Abisinia mantuvo un extenso intercambio epistolar con su familia, pero en ella "no dejó escapar ni una sola frase que podamos considerar *literatura*", afirma Félix de Azúa[121]. Ferrater, por su parte, se dedicó con toda su energía a los estudios lingüísticos, materia en la que llegó a ser una autoridad, hasta su suicidio, el 27 de abril de 1972. Tras la publicación de *Les dones i els dies* no escribió un solo verso. Rimbaud tampoco careció de una idea instrumental acerca de su obra; su amigo Ernest Delahaye dejó testimonio de que, poco antes de abandonar Charleville, Rimbaud le leyó el manuscrito de *Bateau ivre* y luego afirmó: "Lo he hecho para que lo vean aquellos de París". Furio Jesi dice: "El *Bateau ivre* nació bajo el signo de aquello que los amantes de la poesía por inspiración juzgarían como el pecado original"[122]. Lo mismo vale para el *Poema inacabado*. ¿Y no acabó siendo Ferrater, alcoholizado, histriónico, camino del suicidio apenas unos pocos años antes del tan esperado final de la dictadura, un maldito del siglo XX (el último de esa estirpe, tal vez)?

---

[121] F. de Azúa, "Una luz negra, Arthur Rimbaud", en *Lecturas compulsivas*, Barcelona, Anagrama, 1998, p. 187.
[122] Furio Jesi, *Lettura del "Bateau ivre" di Rimbaud*, Macerata, Quodlibet, 1996, p. 13.

IV
El Poema inacabado

Ferrater publicó tres libros de poesía: *Da nucis pueris* (1960, el título es un verso de Catulo: "Da nueces a los niños"), *Menjat una cama* (*Cómete una pierna*, 1962) y *Teoria dels cossos* (*Teoría de los cuerpos*, 1966); estos libros se editaron conjuntamente en 1968 bajo el título de *Les dones i els dies*, volumen que incluye asimismo el *Poema inacabado*. En cuanto a éste, podemos suponer que su escritura fue más o menos paralela a la de aquellos libros, puesto que uno de los asuntos recurrentes del poema es el del "hombre de cuarenta años", y Ferrater cumplió esa edad en 1962.

Para saber que el *Poema inacabado* tiene 1.334 versos no es necesario contarlos, pues el propio poeta se ha tomado ese trabajo y nos lo dice al final del poema: "Llegaré, con los tres que añado,/ al mil trescientos treinta y cuatro". Esta es sólo una de las muchas inscripciones metapoéticas de la obra, es decir informaciones muy precisas e irónicas que nos da acerca de cuándo, dónde, cómo y por qué escribe. Es como si el poema nos contara dos historias: una es el argumento del cuento que narra y otra es la historia de la propia escritura del cuento. Al final, las dos historias se superponen en una tercera, que explica justamente la imposibilidad de contar el cuento, o de la pereza que da contarlo, y por tanto la condena del poema a quedar sin terminar.

El *Poema inacabado* se inspira en una obra del poeta medieval Chrétien de Troyes, del siglo XII, el más importante de cuantos trataron el famoso ciclo del Rey Arturo y los caballeros de la Tabla Redonda. El poema de Chrétien se titula *Erec et Enide*; Ferrater alude a él al principio de su obra:

> Dedicar será lo primero.
> A ti, Helena, que me has hecho
> conocer a Chrétien, al que imito
> (aunque yo del todo no rimo),
> mujer reciente, que te vas
> con la falda de tergal
> y el jersey verde, a examinarte...

Es la misma mujer de las *Cartes a l'Helena*, hija de un gran amigo de Ferrater, Eduard Valentí, y de quien estuvo más o menos platónicamente enamorado a principios de los años sesenta. Es importante apreciar la diferencia de edad entre ambos: Ferrater tenía cuarenta años y ella rondaba los veinte y era estudiante universitaria. Uno de los asuntos del poema es la melancolía con que el hombre maduro ve a la chica y recuerda su propia primera juventud, y eso le da pie para cavilar acerca de las diferencias entre ambas generaciones, las distintas experiencias vividas por los de su edad y por los jóvenes de los sesenta. Por eso en los primeros versos se preocupa por fechar el poema: Cadaqués, septiembre del 61. Al parecer, ella había pasado el verano en esa localidad de la costa catalana estudiando para un examen sobre Chrétien de Troyes, y Ferrater la ve irse hacia Barcelona, con su falda de tergal y su jersey verde, para rendir ese examen, y entonces ella le trae a la memoria la figura de la "donna novella", la mujer nueva, que es Enide, la heroína del poema de Chrétien.

Pero la heroína medieval es aquí evocada a través de un arquetipo de la chica joven e independiente de los sesenta, identificada por su vestimenta, por ser estudiante universitaria, por ir y venir de Barcelona a Cadaqués con toda libertad. Ello induce a una identificación suplementaria entre Ferrater y el héroe del poema, es decir el que debiera ser el héroe es desplazado por el propio poeta, que se autorretrata de esta forma:

Pero volvamos a mi héroe.
Era un chico de los que hoy salen
con blue-jeans y botas de básquet...

En todo caso, el poeta-narrador quiere dejar claro el motivo de la elección del modelo de Chrétien de Troyes:

Quizás el fin de lo que escribo
es mi propósito de plagio.
De una vez quiero dejar claro
que imito a los medievales.
Siempre lo hice, y di mis claves,
mas nadie cree esta evidencia.

VI
El modelo medieval

Es cierto que Ferrater nunca había ocultado su inclinación por la poesía medieval: en una nota a la primera edición de *Da nucis pueris*, declaraba: "La poesía medieval me tiene como buen lector, y no le cuesta persuadirme. En Bertrand de Born, en Chaucer, Villon, Skelton, hallo un acopio de verdad seca y ágil, vista con ojos limpios y sentida con cordialidad, que no me deja añorar las grandes masas de líquido verbal que el renacimiento puso en ondulación". Otra vez aparece el denostado petrarquismo como origen de la creciente retorización de la lengua poética. En cambio, el registro lingüístico de los poemas medievales lo fascinaba. Tanto en el romancero castellano como en la poesía cortesana provenzal o en estos poemas del ciclo artúrico, la lengua se encuentra en un estado todavía fresco, dúctil, en plena formación; poesía culta y poesía popular no poseen aún ámbitos precisamente divididos.

En 1956, Dámaso Alonso publicó su famoso estudio *Poesía de la Edad Media y poesía de tipo tradicional*; el azar de la investigación filológica favorecía entonces el encuentro entre lo popular y lo culto, pues muy poco antes, en 1948, Samuel Stern había descubierto las jarchas –auténtico embrión del verso tradicional castellano– y la poesía medieval renació con fuerza del olvido en que se hallaba. A pesar de la diferencia de lengua, Ferrater debe haber seguido muy de cerca este proceso, como, por lo demás, las vicisitudes estéticas que afectaron a los miembros del denominado grupo poético de los Cincuenta, de lengua castellana. El novelista Juan García Hortelano, quien fue también gran amigo de Carlos Barral y de Gil de Biedma, escribe: "Sobre lo que podríamos llamar sub-grupo catalán [del Grupo poético de los Cincuenta] (Valverde, Costafreda, Barral, Goytisolo y Gil de Biedma) su coetáneo Ferrater derramó sabios dones, cuyo reconocimiento se ha plasmado en más de un poema..."[123].

Pero, como es obvio, el interés de Ferrater por la poesía medieval se centraba sobre todo en su propia lengua, porque en el caso de un poeta catalán la lengua de los provenzales de la Edad Media le resultaba muy próxima. En su libro sobre Foix, Ferrater expone una de esas ideas brillantes de las que sus conferencias y escritos en prosa están llenas: dice que Foix hizo la misma operación que propugnaba Ezra Pound, es decir la vuelta a la pureza de la poesía medieval, anterior a Petrarca y a la retórica renacentista; pero que a diferencia de Pound, Foix no necesitó llenar páginas y páginas de espesa erudición para justificar el movimiento, ya que para un poeta catalán la lengua provenzal es prácticamente lengua materna. Por eso escribe:

---

[123] "Prólogo" a *El grupo poético de los 50*, antología por Juan García Horteleno, Madrid, Taurus, 1987, p. 26.

Vos, maestro Foix, Josep Vicenç
....
que hicisteis catalán el lírico
vers de Bernat de Ventadorn,
a vos someto mi canción
ronca, pues yo las notas altas
no las doy mejor que las ranas.

Ferrater pensaba que para romper con la verbosidad de la poesía moderna la receta más eficaz era la escritura de poemas narrativos, como el propio *Poema inacabado*, plenos de contenido, menos líricos que novelescos, y escritos en un registro de lengua que fuera capaz de captar el habla de la calle, la lengua coloquial. Los grandes poemas medievales podían ser, en ese intento, un modelo a seguir; basta ojear la correspondencia con Gil de Biedma para ver el interés que en ambos despertaba el *Cantar del Mio Cid*, cosa que sin duda parecía una frívola coquetería a buena parte del medio intelectual del momento. Ferrater dice, además, que uno de los principales objetivos que debía plantearse un poeta era el de alimentarse no sólo de libros, de erudición, de conocimiento de la tradición literaria, sino además prestar atención al habla de la gente, a cómo la gente se comunica en la calle. Una labor difícil para cualquier poeta, pero sobre todo para un catalán, no sólo por la conocida proscripción de este idioma durante la dictadura franquista sino además porque el catalán tiene una gran tradición poética, pero una escasa novelística. Esto hizo que el lenguaje poético se volviera demasiado áulico, carente de la referencia de esa lengua narrativa, necesariamente más cercana a la coloquial, que las grandes literaturas de Europa captaron en su novelística decimonónica, en Dickens, Balzac y Flaubert, Manzoni, y en algunas novelas del siglo XX, como *Ulysses* de Joyce o el *Pasticciaccio brutto* de Carlo Emilio Gadda, que son, entre otras cosas, enormes catálogos de usos dialectales. Para Ferrater la falta de una novelística fuerte en catalán es un problema poético: la idea es curiosa, pero no poco sugestiva. Sólo en este contexto, además, puede entenderse que no sea una mera *boutade* el que declarase, en más de una ocasión, que José Hernández, en el *Martín Fierro*, es el mayor poeta del siglo XIX en lengua castellana.

VII
El tiempo detenido

En el libro póstumo sobre otro de sus maestros, Carles Riba, Ferrater afirma, un poco temerariamente (pero todo gran crítico tiene momentos temerarios, y más aun si es, además, poeta) que el talento de Riba estaba por encima de Mallarmé y de Rilke[124]. Sin embargo, le reprocha el no haber tenido nunca oído para la lengua coloquial, y por

---

[124] G. Ferrater, *La poesía de Carles Riba*, Barcelona, Edicions 62, 1983.

eso, dice, Riba falla cuando intenta escribir poemas narrativos, cuando quiere darle al verso un aliento que supere lo introspectivo. Ferrater se preocupó mucho de cultivar ese oído para las flexiones urbanas, como es notorio en el *Poema inacabado* y en buena parte de sus otros libros. Ahora bien, si la cuestión de la sequedad, del carácter adusto de la lengua medieval lo seducía, y esto es muy visible en la concepción del *Poema*, hay otro rasgo menos evidente pero igualmente atractivo: la sensación de tiempo detenido, de instante clavado. Esta noción de mundo inamovible, sin devenir, es característica del medioevo; es, también, la oprimente sensación individual y colectiva que una dictadura tan larga como la franquista no podía dejar de producir.

Ferrater escribe este poema a principios de los sesenta: casi exactamente en la mitad del régimen de Franco, instaurado hacía veinte años y al que le faltaban aún unos quince más. Ferrater, que rehúye siempre el lamento, transmite (y en esto también está cerca de Jaime Gil, a quien nombra:

Y a Jaime Gil, pues en su uso
de la edad media no hay abuso,
y tiene sextina y albada...)

esa sensación de enorme masa de tiempo que no se mueve, a la manera de un régimen feudal. Durante el feudalismo no existía nada parecido a la noción de "ciudadano"; existía una sociedad rígidamente estratificada, cuyas autoridades ostentaban al mismo tiempo el poder político, judicial, financiero y religioso. ¿No se parece esto a lo que sucedió durante la larga dictadura española? Los súbditos de ese estado dictatorial podían ser detenidos y encarcelados, incluso condenados sumariamente a muerte por el poder central. A lo que hay que agregar la censura, un hecho al que en sus cartas e informes de lectura para editoriales Ferrater, como casi todos los intelectuales españoles de la época, hace numerosas referencias. Es muy interesante, en este contexto, un poema breve de *Mujeres y días*, "Los aristócratas":

> ¡Oh Borges, Lowell, oh patricios
> americanos! Tenéis vuestra
> historia tan cerca, y os vive el asco.
> Tengo historia cerca. Tengo asco de ella.
> No sabré escribir los detallados poemas
> que os escribís. Mi asco
> ....
> de generalidades, com un plebeyo
> que nunca escuchó, frescos y lentos,
> los recuerdos de las mujeres dentro de la casa
> densa, y que se vació: un pozo de miedo.
> (Traducción de José Mª Valverde.)

Curiosa, deliberada actitud de un poeta europeo que envidia a los "patricios" a la americana, y elocuente retrato de sí mismo como un "plebeyo" hundido en "un pozo de miedo". En esa situación, la adhesión al poema medieval de Chrétien de Troyes resulta un mensaje codificado, como si dijera: "Señores, esto es como vivir en la Edad Media".

VIII
La digresión infinita

Como Helena es una *donna novella* lo primero que hará el poeta-narrador es contarle algo de sí mismo, de su vida; esto da pie a un largo inciso autobiográfico: la infancia en Reus, la guerra y la posguerra, la indigencia no sólo material sino también y quizás sobre todo moral de aquella España hambrienta de los años cuarenta, las otras mujeres que conoció, y hasta su propio episodio de armas, el servicio militar:

Te digo en paz que mis veinte años
fueron en los cuarenta y tantos
y que mi tiempo es la posguerra.

La expresión "en paz" es aquí mucho más que un relleno métrico. Luego hay una segunda parte en la que Helena pertenece al presente, es el verano que han compartido en Cadaqués, pero a ella la reclama el examen de la facultad y, como en las alboradas de los trovadores, las obligaciones mundanas interrumpen la felicidad de los amantes. Aquí se produce un contrapunto con las albadas homoeróticas de

Jaime Gil —seguramente inspiradas, a su vez, en Cavafis—, en los que el final de la noche obliga a los amantes a separarse. Ahora bien: si, como es evidente, el poema de Chrétien de Troyes es el modelo formal del de Ferrater, parece claro que el modelo ideológico es el *Don Juan* de Byron.

Escrito entre 1818 y 1823, el *Don Juan* es una caricatura de la sociedad inglesa de su tiempo. Byron utilizó la urdimbre de un mito ya muy conocido por el público para hacer una larguísima digresión acerca de las costumbres de entonces. Se sabe que nunca tuvo un plan muy firme: al principio se planteaba escribir un poema épico, pero poco a poco ese aliento se va perdiendo, se va convirtiendo en una crónica cómica de las aventuras y desventuras del personaje. Algo parecido hace Ferrater en el *Poema inacabado*: promete contar un cuento, pero todo el tiempo lo va postergando para abundar en detalles sobre su propia experiencia, sobre su amada y el sentimiento que los une.

En un artículo de *Papers, cartas, paraules*, Ferrater define el poema de Byron como una "estilización de la improvisación", y sin duda esto vale también para el *Poema inacabado*, donde se lee: "quiero un héroe sin aureola/ que a calenturas no me exponga...".

El *Don Juan*, en tanto, se abre con estos versos:

Busco un héroe, búsqueda poco frecuente
Cuando cada año y cada mes se inventa uno
....

En cambio, prefiero a Don Juan, nuestro viejo amigo.[125]

Este método de perpetua digresión hace que necesariamente el poema quede inacabado. Ya en el quinto verso del poema de Ferrater leemos:

Un cuento impertinente contaré,
mas lo dejo para después
y alargaré el prólogo ahora...

Ese prólogo se alarga hasta el final, el poema *verdadero* nunca empieza; el *Don Juan* de Byron, una obra muy larga, de unos 16.000 versos, también da la sensación de estar siempre a punto de arrancar, con una anécdota que parece no tener ilación o auténtico avance, tan disparatada es. Por otra parte, Ferrater siempre declaró su admiración por la forma en que los anglosajones saben hacer de la poesía un retrato moral de la sociedad, como se ve también en varios grandes poetas de lengua inglesa del siglo XX, en Eliot, Auden, Larkin. Uno de los elementos que dan unidad al *Poema inacabado* es la serie de apuntes sobre la sociedad de su tiempo, como los de los poetas del realismo social

---

[125] "I want a hero, an uncommon want,
When every year and month sends forth a new one,
...
I'll therefore take our ancient friend Don Juan."

("traficantes de certezas"), la juventud, las mujeres o "el monstruo hispano apestoso".

IX
El poema de nunca acabar

Este poema no está inacabado accidental, sino programáticamente. Lo dice él mismo cerca de su no-final:

Parece, pues, que callo a punto,
antes de entrar en mal asunto.
Se puede ya apagar el cirio
que quise llevar encendido
por una procesión muy larga
de versos chismosos...

Luego se insiste aún sobre la idea de "este muñón de poema" y se lo denomina "un golpe fallido". El *Poema inacabado* queda así como una serie de observaciones acerca de la sociedad catalana y española de su tiempo. Ferrater decía haber elegido la poesía porque le parecía el mejor instrumento para realizar esas observaciones; pero en lugar de apuntar, a la manera de la generación anterior, al horror de la Guerra Civil, Ferrater piensa que con ella la gente aprende a hacerse libre. Como señalan los editores de la versión castellana del poema, Ferrater comparte la posición de algunos poetas del medio siglo que, niños o adolescentes durante la contienda, pueden decir con Gil de Biedma que aquellos "fueron, posiblemente/ los años más felices de su vida"[126].

Ferrater parece haber querido practicar esa difícil libertad en su propia manera de vivir, sólo para comprobar el inevitable corolario autodestructivo de un albedrío sujeto al autoritarismo imperante. Fue una actitud de rebeldía que por momentos pareció limitada a su indumentaria (se dice que sólo usó vaqueros durante los últimos diez o doce años de su vida) y a su alcoholismo. Como dice en el mismo pasaje del *Poema inacabado* "el monstruo hispánico apestoso" acechaba por todos lados. El suicidio fue el último ejercicio de esa durísima libertad, como un gesto que convirtió a su propia vida en una suerte de obra inacabada.

Tanto el rechazo de la poesía realista o de contenido social como la asunción de la libertad personal del hombre desengañado llevaron a Ferrater a construir una figura de poeta parasitario, que está fuera del circuito productivo del trabajo, y que puede quedarse hasta principios de octubre en Cadaqués, muchas semanas después de que todos sus amigos hayan vuelto a Barcelona, a trabajar o a estudiar, como Helena. Las referencias a esta situación son constantes: "Se me fue un mes mientras hacía/ pajaritas de papel de vida". En la misma órbita, la del tiempo muerto que

---

[126] Jaime Gil de Biedma: "Intento formular mi experiencia de la guerra", en *Moralidades* y éste en *Las personas del verbo*, Barcelona, Seix Barral, 1982, p. 122.

equipara los años sesenta españoles con la Edad Media, el personaje se define ante Helena como un "cocodrilo de cuarenta años", es decir un adolescente tardío que no sabe bien de qué manera encarar su vida de adulto.

Esta imagen de sí mismo como un parásito, que vive del dinero que alguien le remite ("De Cadaqués me iré mañana/ si hoy llega el giro que me mandan"), se extiende a su trabajo de poeta, y termina disculpándose ante Helena de haberse pasado todos esos cientos de versos vagando, haciendo "versos chismosos", como él los llama. Se identifica así, bajo otro aspecto más, con los trovadores provenzales que gastaban las horas buscando la rima con la que halagar a su señora por la noche, y cuyo sustento exclusivo era su propio sentimiento amoroso, y alguna dádiva de su señor. Todo en lugar de contar la historia de Erec y Enide, que era el supuesto propósito del poema. Por eso las dos historias que cuenta, la de materia artúrica y la de cómo se escribe el poema, se funden al final en una tercera que las suma y anula al mismo tiempo: la historia de la imposibilidad de escribir el poema, de *terminarlo*.

Libertad ganada en la guerra y perdida en la posguerra: nostalgia de libertad que crea el único espacio posible para escribir un poema necesariamente inacabado. Un poema que, con toda su ironía, con su perpetua digresión, con su carencia de un fin para el propio poema y para la historia de amor que el poema cuenta, se convierte en renovada demostración de que, al final, los grandes poetas suelen ganarle la batalla a las épocas más oscuras.

Partes de un tiempo

Poesía argentina de los noventa: del neobarroco al objetivismo (y más allá)

I
El poeta camarógrafo

En el largo poema *Tomas para un documental*, inédito de Daniel García Helder (Rosario, 1961), se lee: "Desde mi torre de filmar/ que es de hormigón/ no de marfil (...)". En ese anagrama (filmar/marfil), cuyo eje de simetría es el hormigón de Buenos Aires, se encuentra una de las claves posibles para acceder a una lectura de la poesía argentina de los noventa: "filmar", como metáfora de un mirar que no quiere encaramarse sobre la chatura de sus objetos. Chatura de paisaje, llanura de una lengua que renuncia a registros cultos y procedimientos visiblemente artísticos para filmar la realidad en el mismo caos y en los mismos chirridos con que se manifiesta. Por eso el poema no es un documental, sino las tomas: están los fragmentos, los rollos de film impresionado, pero falta el montaje, el experto que corta y pega. No es una acumulación azarosa: es evidente que hay deliberación formal. Pero, precisamente, esa voluntad se dirige a dar la apariencia de una suma que se ha hecho por sí misma, sin intervención de la mano del artista. Una actitud que recuerda a algunas páginas de *Alcoholes* y de *Caligramas* de Apollinaire.

Ahora bien, ¿qué significa, para un poeta, "filmar"? El poeta clásico veía en el paisaje una alegoría de un sistema divino; el romántico encontraba en las cosas una imagen invertida del yo; el poeta camarógrafo simplemente ve. Es un flâneur, no es un mirón: no busca hallazgos literarios, no le interesa la elevación o la profundidad como efecto de una lengua poética a priori ni como acotación de un campo de lirismo concentrado; se limita a levantar un acta de lo que su mirada registra. Como en la "carroña" de Baudelaire, todo se descompone bajo la luz del sol. El poema no le sucede al poeta, le sucede al paisaje; el poema no renuncia a lo sublime –por el contrario, *Tomas...* es un continuo de pujos de elevación sublime–, pero lo encuentra entre la basura, el óxido, los carteles abollados que sólo después de un rato pueden descifrarse.

La transposición literaria del caos urbano es una de las líneas vertebrales de la poesía del sigo XX: está en "Zone" o en "Lundi rue Christine" de Apollinaire, en *Ulysses*, en *The Waste Land*. Poetas y narradores –o poetas narradores– tienen ya una serie de modelos para contener el poema que exprese ese desborde permanente de la ciudad contemporánea. ¿Por qué, entonces, vemos en Helder y en muchos de sus compañeros de generación una poética nueva, una inflexión reciente? En primer lugar, por la deliberada degradación de todos los objetos con los que trabajan, incluida la lengua misma: giros coloquiales, noticias del diario, rótulos corrompidos por el óxido; de todo menos palabras prestigiosas. Hay un registro de la violencia o de la desesperanza contenida de la lengua coloquial argentina, encendida por un cúmulo de atropellos y frustraciones. Y en segundo lugar, porque esta novedad se manifiesta con respecto a lo inmediatamente anterior, a la estética neobarroca que dominó la poesía argentina durante los años ochenta.

II
Contra el neobarroco

Buena parte de la poesía que se escribió en América Latina en los años ochenta participaba todavía de la mallarmeana alegría del poeta por haber inventado una palabra y de la "resignación sin pena" frente al hecho de que todo el sentido del poema fuese la misma "dosis de poesía que ella contiene" y "el espejismo de las palabras mismas".[127] Esa festiva melancolía barroca, que encuentra en la palabra más materia o espejismo que sentido, más juego

---

[127] Estas fórmulas se encuentran en una carta escrita por Mallarmé en 1868, a raíz de los problemas que le planteaba la composición de su "Soneto en ix": "procure usted averiguar el sentido real del vocablo *ptyx*", rogaba a su corresponsal, F. Léger; "se me asegura que no lo tiene en ningún idioma, lo que no deja de alegrarme pues me encantaría haberlo creado por la magia de la rima". Y pocos meses después agrega, en otra carta dirigida al mismo: "Es un soneto inverso, quiero decir: el sentido, si alguno tiene (y yo me resignaría sin pena a que no lo tuviese, gracias a la dosis de poesía que, me parece, contiene), se evoca por el espejismo de las palabras mismas...".

que significado, fue muy notoria en los últimos coletazos de la vanguardia en el Río de la Plata y en otros países de América. De modo que es muy difícil no pensar en la poesía argentina de los noventa como una reacción contra esa estética: se huye del neologismo culto hasta llegar al territorio opuesto, el de la lengua coloquial, al habla de la calle, al argot; y se tiende a formas bastardas, cercanas al eslogan publicitario o a la canción popular. Si la poesía contemporánea que desciende de Mallarmé busca la esencia de la forma para salvar a la palabra de su devaluado uso cotidiano, los poetas argentinos de los noventa, en el extremo opuesto, prefieren escribir una poesía en sí misma devaluada. Su material será una palabra desgastada: no el oro del idioma sino el níquel de cantos carcomidos.

La actitud mallarmeana pone al poeta en una posición de mistagogo de un saber que, en cierto sentido, está más allá de lo material o de lo humano. Una actitud que define al libro como grimorio de significados ocultos, opacos. El simbolismo europeo fue americanizado (y gongorizado) por el cubano Lezama Lima: "tres siglos después parece como si Mallarmé hubiese escrito la mitología que debe servir de pórtico a don Luis de Góngora"[128], apunta. De la gran poesía hermética de Lezama parte el neobarroco, que se abrió además a la influencia, no sólo conceptual o meto-

---

[128] J. Lezama Lima: *"Nuevo Mallarme" (1956), en Algunos tratados en La Habana*, Barcelona, Anagrama, *1971, p. 132.*

dológica sino también formal, del pensamiento filosófico y el psicoanálisis francés: Lacan, Deleuze, Derrida.

Buena parte de los poetas nacidos durante los años 60 reaccionan visiblemente contra esa estética. Actitud decisiva, puesto que define una serie de opciones esenciales: la palabra recupera su significado directo, denotativo; el poema su referencia a la realidad, el poeta su voluntad de pertenencia a una comunidad (nacional, y por lo tanto lingüística) a la que, al menos en principio, su escritura se dirige. Claros ecos de la poesía coloquialista y "comprometida" de los años sesenta y setenta,[129] por supuesto

---

[129] Pero esta adscripción no puede hacerse sin señalar al mismo tiempo las diferencias. Delfina Muschietti escribe: "No hay división [en los poetas del noventa] entre la alta cultura y la cultura de masas en el trabajo del poema; pierden su diferencia, su partición. Esto sucede porque los jóvenes del noventa tienen una relación con la cultura de masas muy diferente a la que se tenía en los setenta. Entonces se podía trabajar con la cultura de masas, pero con una distancia operacional, con un esfuerzo por incorporarla. En cambio, en el texto de un joven de los noventa, puede aparecer, naturalmente, una cita de Joyce junto a la figura de Betty Boop" (en *El Cronista*, 27 de septiembre de 1996). Martín Prieto y Daniel García Helder en "Boceto Nº 2 para un... de la poesía argentina actual" (Punto de Vista, nº 60, abril de 1998) consideran al coloquialismo como "un vicio estetizante" al que "casi nunca recurren" los poetas de los noventa. Y agregan: "Si muchas cosas llegan a los 90 desde el 60 no lo hacen sin una serie de modificaciones. La idealización del barrio, del pobre, de la mujer, de su cuerpo amado, del padre, de la causa justa, etc., fueron notas más bien comunes en las poéticas del 60. En las de ahora no hay, previsiblemente, ningún tipo de idealismo; la piedad y el pudor no cuentan para nada, se las sabe por demás agentes de restricción a todos los niveles. (...) Podría agregarse que esta mirada vagamente antiprogresista es a su vez un lugar común de los 90".

rechazada por los neobarrocos,[130] reaparecen en los poetas de los noventa. Aunque ahora el apego a las cosas no supone un compromiso histórico, sino un desdén por la "carnalidad" de las palabras que las separan de nosotros. Lo que destaca es más bien una mirada del paisaje urbano de Rosario o de Buenos Aires –en Oscar Taborda (Rosario, 1959),[131] Martín Prieto (Rosario, 1961), Daniel García Helder, Martín Gambarotta (Buenos Aires, 1968), Juan Desiderio (Buenos Aires, 1963), Fabián Casas (Buenos Aires, 1965), Alejandro Rubio (Buenos Aires, 1967) o Beatriz Vignoli (Rosario, 1965); o del rural del interior del país, en Osvaldo Aguirre (Colón, Pcia. de Buenos Aires, 1964): una cierta voluntad descriptiva que está más cerca de lo pictórico que de lo musical. Una vez más: lo sublime sólo aparece en la contemplación de lo degradado, lo gris. El mundo y la lengua se rebajan paralelamente: lo que hay es "estiércol", "mierda", "cagarse a trompadas", "caras poceadas de viruela", "un chorro de mucosa", "negras aguas drogadas", "zanjas", "fábricas humeantes", "moscas", "una cabeza de perro", "un gordo transpirado", "una mañana hepática", un "infecto lupanar", "cosas inconclusas y ya viejas/

---

[130] En lo que se ve, por lo demás, el movimiento pendular de estas sucesivas atracciones y repugnancias: "La poesía neobarroca es una reacción tanto contra la vanguardia como contra el coloquialismo más o menos comprometido", escribe Roberto Echavarren en *Trasplantinos* (1991).

[131] Para los títulos de las publicaciones de los poetas mencionados, véase la bibliografía al final del presente trabajo.

arrumbadas sin orden", "cigarrillos, libros desperdigados,/ platos con comida"... o, a lo sumo, como el título de un poema de Helder, "Un paredón que tape esta basura". Si ya nos traía reminiscencias expresionistas aquel deambular por la ciudad –como Alfred Döblin por Berlín– a la caza de lo que Helder denomina, en su poema, "tomas para un documental", no nos sorprenderá esta nueva coincidencia: la permanente recurrencia a las palabras "bajas".

El poema es, así, transemiótico: transcribe un orden visual, sin pena, sin repugnancia moral ni estética. El poema vuelve a la historia, a la Historia; la subjetividad del poeta quiere diluirse en el paisaje o en la masa. Contra el arresto aristocrático del poeta simbolista, siempre cuidadoso de poner distancia entre él y la multitud, el poeta objetivista quiere fundirse, usar el lenguaje de la calle o poner voz a una emoción colectiva o generacional: la temática abiertamente política de muchos de los poemas de los noventa tiene que ver con esta tesitura. No hay gabinete poético que no sea permeable al ruido de las avenidas.

III
Los ingenuos, los sentimentales, y el hilo de platino

El problema de la objetividad, de la forma de mostrar el mundo en el poema, es casi tan antiguo como la reflexión acerca de la escritura de poesía. La discusión en torno al concepto antiguo de *imitación*, de *mimesis*, estuvo en el núcleo central de los planteos de los primeros románticos. Friedrich Schlegel se refiere a la necesidad de una "poesía objetiva" que actúe como síntesis de lo antiguo y lo moderno.[132] Por otra parte, es ese mismo concepto el que está en juego en uno de los trabajos mas importantes de Schiller, *Sobre poesía ingenua y poesía sentimental* (1796),[133] cuya influencia se ha señalado en Hölderlin y en Schlegel. En sus célebres *Conversaciones con Goethe*, Eckerman anota (21 de marzo de 1830): "El concepto de lo clásico y lo romántico –continuó Goethe– que ahora se va difundiendo por todo el mundo, provocando un sinfín de discusiones, arranca de Schiller y de mí. Yo, en mi poesía, opté por el principio del procedimiento objetivo (…) en tanto que Schiller cifraba toda la eficacia en lo subjetivo (…) y para rebatir mis ataques compuso su ensayo sobre poesía ingenua y sentimental". Goethe vinculaba la objetividad con el "estilo clásico": aquel en el que "los contornos están bien acusados".[134] Pero en el tratado de Schiller, el poeta "ingenuo" *es* naturaleza, en tanto que el "sentimental" es aquel que *busca* la naturaleza. El primero es el poeta clásico; el segundo, el moderno. Es posible que, hoy, esas categorías ya no nos sirvan para trazar una división,

---

[132] Véase Peter Szondi, *"Le naïf et le sentimental"*, en *op. cit.*, p. 52.
[133] Friedrich Schiller, *Sobre poesía ingenua y poesía sentimental*, trad. de Juan Probst y Raimundo Lida, Madrid, Verbum, 1995.
[134] Johann W. Goethe, *Obras completas*, tomo III, trad. de Rabel Cansinos Sáenz, Madrid, Aguilar, 1968.

ni en sentido histórico ni estético. Pero la "naturaleza", aquello que el poeta *es* o *busca* aparece, en todo caso, como una instancia de la lengua, como un estado *natural* de la lengua en el que el poeta se inscribe. En este sentido el objetivismo es más bien ingenuo; el neobarroco, sentimental.

La necesidad de objetivar la realidad en el poema, en todo caso, fue un asunto de intensa reflexión desde principios del siglo XX. En "Tradición y talento individual" (1917), T. S. Eliot propone la idea de que el poeta debe ser como el filamento de platino que cataliza la combinación de los gases para formar el ácido sulfúrico: "La combinación se verifica sólo en presencia del platino y, sin embargo, en el ácido que se ha formado no hay trazas de platino, ni tampoco el filamento se ve afectado por el proceso: ha permanecido inerte, neutral, inmutable. La mente del poeta es como ese hilo de platino". El símil *inhumano* de Eliot tiene más de un antecedente entre los románticos ingleses: Coleridge veía al poeta perfecto en el arpa eólica, cuya música hace el viento sin intervención del arte; Shelley descubría en el canto de la alondra "pródigos arrebatos de espontáneo arte".

El objetivismo tuvo un importante arraigo en Estados Unidos, desde donde se difundió al resto del continente. Incluso un poeta tan aparentemente alejado de esta tendencia como Pound declaró en una entrevista: "Yo quería que los *Cantos* fueran históricos, no una obra de ficción". Los *Cantos* son, a su manera, una forma de *carroña*: los fragmentos de un aparato erudito o, como escribe Octavio Paz: "Pound, William Carlos Williams y aun Crane son el reverso de esa promesa [la de Walt Whitman]: lo que nos muestran sus poemas son las ruinas de ese proyecto (...) las grandes ciudades norteamericanas y sus arrabales son las ruinas vivas del futuro". La influencia de los objetivistas norteamericanos, sobre todo la de William Carlos Williams, es perceptible en muchos de los poetas argentinos delos noventa.[135] Pero no hay en ellos, como decía Eliot de *Ulysses*, una "profecía del caos"; hay, más bien, una forma fría de testimonio, un registro. No existe valor o sistema de valores con qué contrastar la realidad; no hay sistema mítico frente a la mera evolución narrativa. A diferencia de los objetivismos sublimes del siglo –Eliot y su idea de una sociedad cristiana, Pound y una cierta aristo-

---

[135] En la transmisión del objetivismo en Argentina, y en general de los más importantes poetas norteamericanos del siglo, como el propio Williams, Wallace Stevens, Pound y Eliot, fue fundamental la labor de Alberto Girri (Buenos Aires, 1919-1991), no sólo como traductor y ensayista, sino en su vasta obra poética. La singularidad de su poesía radica justamente en haber tratado las más diversas cuestiones estéticas y metapoéticas sin salirse del terreno de una lengua cuasi-coloquial o periodística. Toda la obra de Girri está recorrida por la voluntad de apartarse del barroquismo verbal, casi se diría de invertir las proporciones tradicionales en la poesía en lengua castellana, es decir poner un exceso de concepto en una forma y un lenguaje escuetos y sin florituras. La preocupación por el agotamiento de ciertas líneas poéticas originadas con el romanticismo, como la concepción del poema como una expresión de las vicisitudes del yo, atraviesa toda su obra: "Qué hacer/ del viejo yo lírico, errático estímulo,/ al ir avecinándose a la fase/ de los silencios (...)" ("Preguntarse cada tanto", en *Quien habla no está muerto*, Buenos Aires, 1975). Ese agotamiento, ya no como preocupación sino como hecho consumado, es una de las premisas de las que parte el objetivismo.

cracia del espíritu, Auden y *su* marxismo–, en esta poesía no hay nada que venga de fuera, no hay sustento para una lectura moral. De esta más o menos voluntaria indigencia, que es al mismo tiempo una superación de toda necesidad, se desprenden algunas de las características esenciales de los poetas más importantes en la Argentina de los 90.

La genealogía nacional de esta tendencia pasa por los poetas "coloquialistas" de los años sesenta, de la que Leónidas Lamborghini (Buenos Aires, 1927: "Cómo se pianta la vida/ cómo rezongan los años/ cómo se viene la muerte/ tan callando"); Joaquín Gianuzzi (Buenos Aires, 1924: "Cualquier cosa menos las manos en los bolsillos,/ el tabaco y la frase inútil, el razonamiento arruinado por la realidad,/ la dialéctica privada,/ contradecida por el trapo sucio en la cocina"), o Juana Bignozzi (Buenos Aires, 1937: "sólo quedan estas representaciones limitadas a las que llamo/ pasión desgarro y llamaré muerte/ me acaban de presentar un panorama desconocido:/ el escenario intacto y perenne de mi juventud terminada.") son sus representantes más reivindicados, en detrimento de otros considerados excesivamente líricos, como Juan Gelman. Como ellos hace treinta años, los de hoy ensayan un tono menor: les atraen más las parciales imágenes cotidianas que la metáfora totalizadora, la descripción de lo fútil y provisorio que el verso "memorable". No es un movimiento extraño a algunas de las más importantes poéticas del siglo; Montale, por ejemplo, decía que "el poeta debe buscar una verdad puntual, no una verdad general"; sólo que donde Montale encontraba huesos de sepia y el brillante sendero de baba de un caracol los poetas de los 90 encuentran agua estancada y basura.

La consecuencia de estas opciones es una poesía prosaica, escrita en una lengua que incorpora lo coloquial y los clichés hasta sus grados más bajos ("Cuando al primo Tito/ lo tiró un caballo/ la tía Consuelo quedó/ culo al norte", escribe Osvaldo Aguirre; y Juan Desiderio, en "La zanjita": "sacá lo hueso de poyo"/[...] Vó te quedá/ vó te vá al cielo"). En ambos ejemplos, sin embargo, se ve la atracción por el metro breve de la canción tradicional española (como en la citada evocación de Jorge Manrique por Leónidas Lamborghini), pasada quizá por la literatura criollista rioplatense. Por otra parte, en diversas ocasiones, como en esta de Desiderio, y en el mencionado *Tomas...* de Helder, el poema alcanza perspectiva y extensión narrativas, llegando incluso a convertirse en una especie de novela versificada, como en *40 watts*, de Oscar Taborda, y en *Punctum*, de Gambarotta —acaso no está demás recordar que los poemas gauchescos suelen ser relatos en verso.

La atracción por el prosaísmo aparece, en ocasiones, en su manifiesto carácter de provocación. En la presentación del dossier que la revista *Diario de Poesía* dedicó a Joaquín Gianuzzi (n° 30, invierno de 1994), Daniel G. Helder escribió: "Hay una obra poética, más estrictamente una obra escrita en verso, en cuya rúbrica se manifiesta, nítido, el nombre de Joaquín O. Gianuzzi". La distinción no parece ingenua: tradicionalmente, la crítica trata de "versificador" al pretendido poeta que no llega a serlo. Un verso, por más malo que sea, es una realidad empírica; lo poético, en cambio, es una esencia, una abstracción, cuya adjudicación a una determinada obra implica un juicio de valor. Cuando Helder prefiere hablar, respecto de uno de sus maestros, de "una obra escrita en verso" antes que de una "obra poética" resume con eficacia buena parte de la actitud de su generación.

IV
Oposiciones, relecturas

El neobarroco abarcó buena parte de América Latina e incluyó a muchos poetas que vivían fuera de su ámbito nacional e incluso lingüístico: su animador esencial fue el cubano radicado en París Severo Sarduy (Camagüey, Cuba, 1937-París, 1992), quien erigió al argentino Arturo Carrera en "el heredero (...) de *Orígenes*", la revista del grupo de intelectuales nucleados en torno a Lezama Lima. Pero también habría que citar a los uruguayos Roberto Echavarren (Montevideo, 1944), que por entonces vivía en Nueva York, y a Eduardo Milán (Montevideo, 1952), asentado en México; al cubano José Kozer (La Habana, 1940), también residente en Nueva York, y al argentino Néstor Perlongher (Avellaneda, Pcia. de Buenos Aires, 1949-San

Pablo, Brasil, 1992), quien escribió en Brasil la parte más importante de su obra.[136] El objetivismo de los noventa, en cambio, tiene un acento marcadamente nacional, cuando no nacionalista. Los poetas reunidos en torno al *Diario de Poesía* difícilmente reivindicaron, en el núcleo de su genealogía, a algún autor que no fuera argentino; por otra parte casi ninguno de ellos vive fuera del país.[137]

Sin embargo, la oposición objetivismo/neobarroco requiere algunas matizaciones. En primer lugar, porque el neobarroco abarcó a poetas de una tan amplia variedad estilística y temática que en muchas ocasiones se tiene la impresión de que el rótulo se refiere antes a un corte generacional o a la contemporaneidad en la publicación de los libros que a una poética compartida. En segundo lugar, porque es justamente a través de sus resonancias en los poetas de los noventa que figuras esenciales del neobarroco como Arturo Carrera y Néstor Perlongher adquieren su persistencia en la poesía argentina, sus líneas de influencia.

---

[136] Otros nombres esenciales del neobarroco en Argentina son Héctor Piccoli, Tamara Kamenszain y Emeterio Cerro.

[137] En el mencionado "Boceto nº 2 para un ... de la poesía argentina actual", un trabajo que es al mismo tiempo una evaluación y un programa de allí, supongo, los puntos suspensivos de su título-, Prieto y Helder, tras señalar lo arbitrario de todo recorte que fije un determinado "panorama", señalan: "Por lo tanto, vamos a circunscribir la extensión de nuestras consideraciones a ciertos motivos temático-formales en las obras de unos cuantos autores nuevos, en su mayoría residentes en Capital Federal, a los que llamaremos por comodidad 'poetas del 90' o 'poetas recientes'".

A partir de su muerte prematura, Néstor Perlongher empezó a ocupar un lugar central en la poesía argentina contemporánea. Se dio la paradoja de que sus libros, prácticamente inhallables por haberse publicado en tiradas de unos pocos cientos de ejemplares, pasaron a ocupar el núcleo del debate acerca de la poesía argentina contemporánea, con simposios, conferencias y volúmenes tales como *Tratados sobre Néstor Perlongher* (1997) de Nicolás Rosa y *Lúmpenes peregrinaciones* (1996), de autores varios. Tal fue el interés concitado por la obra de Perlongher que en 1997 una editorial del circuito comercial, que apenas publica poesía, Seix Barral, sacó sus *Poemas completos*, a los que por primera vez podía acceder un público más amplio. Parte de esa paradoja la elucida Rosa: "la corporatividad reglada del canon de la literatura argentina lo convierte [a Perlongher] en un excéntrico".[138] Homosexual "militante" y con una imagen de poeta un poco a la usanza del malditismo rimbaudiano, Perlongher, que se autoexilió en Brasil en los años setenta, escribió en una lengua en la que el vocabulario culto, de resonancias gongorinas, se carnavaliza con términos domésticos, barriales, y se deja contaminar por el portugués (el *portuñol*, como lo llamaba él). A Perlongher se debe el

---

[138] Y también: "Si el museo de la literatura argentina es un Panteón Nacional (...) presidido por Borges, sostenido por la columna dórica de Macedonio Fernández y coronado por la cariátide de Don Adolfo Bioy Casares, Perlongher es un ladrón de cadáveres que intenta ocultarlos en la margen izquierda del río color de león".

famoso rebajamiento paródico del rótulo de neobarroco a "neobarroso"; es decir, un barroco que asume su parte kitsch o, como también lo llamó él, "un barroco cuerpo a tierra". Escribió poemas de la dimensión de "Cadáveres", incluido en *Alambres* (1987), visión esperpéntica de la masacre y el terror que la dictadura militar impuso en Argentina: "Bajo las matas/ En los pajonales/ Sobre los puentes/ En los canales/ Hay cadáveres (...)".

En una de sus últimas entrevistas, Perlongher declaraba: "...se trata de jugar con ciertas cosas del habla popular. En 'Cadáveres' eso está muy claro, y esa especie de fragmentos prosaicos descolgados serían parte de ese juego. A mí se me ocurre que uno puede, en cierta disposición de creación poética, arrastrar cualquier tipo de referentes; y que en ese caso el efecto poético estaría dado más por un trabajo de montaje y deconstrucción que en la propia intimidad de las palabras; en este caso lo que vale no es la sonoridad o el sentido de una palabra (...) bella sino su posición en un fluir". La poética neobarroca es imposible de entender sin Perlongher –entre otros muchos ejemplos, es uno de los tres poetas representados en uno de los manifiestos a posteriori del neobarroco, la "muestra" *Trasplantinos* (1991), de Roberto Echavarren. Pero su gesto irreductiblemente provocativo, su lengua llena de escatología y erotismo crudo, su juego con el habla popular y su gran oído para rescatar la herencia del criollismo favorecen su posición como uno de los maestros de los poetas de los 90.

Arturo Carrera (Coronel Pringles, Pcia. de Buenos Aires, 1948) es otra de las referencias importantes de la poesía argentina actual. Aunque, como dijimos, Sarduy lo convierte en discípulo "sin contacto en el tiempo ni en el espacio" de Lezama Lima, la poesía de Carrera es de una singularidad difícil de adscribir a una poética común. Obsesivamente narcisista, permanente reescritura de una novela familiar, se hace espira en torno al mito de la infancia como momento seminal de toda producción. El tono de Carrera parece a veces cercano al de Juan L. Ortiz (Puerto Ruiz, 1896-Paraná, 1978), aunque en un registro íntimo, más restringido. Algunas búsquedas minimalistas, sobre todo en voces femeninas conocidas a través de la editorial Siesta, parecen encontrar en Carrera (y, sólo a través de él, en Pizarnik y Ortiz) su verdadera filiación. Por otra parte, es muy importante la definitiva consagración en Buenos Aires de la poesía de Ortiz -más que su "figura", ya venerada como un pintoresco gurú por poetas de las generaciones anteriores, como algunos miembros del grupo *Poesía Buenos Aires*. Más de 1.100 páginas tiene la *Obra completa* de Juan L. Ortiz (que puso un título unitario a esa enorme producción: *En el aura del sauce*), publicada en 1996, y en cuyos prólogos dos de los principales exponentes del objetivismo de los noventa, Martín Prieto y Daniel G. Helder, lo erigen en uno de los maestros esenciales. Los títulos de esos trabajos son ya elocuentes: "En el aura del sauce en el centro de una historia de la poesía argentina", el de M. Prieto; "Juan L. Ortiz: un léxico, un sistema, una clave", el de D. G. Helder.

El nexo, la continuidad de esa línea que une a Ortiz con Carrera y a éste con los objetivistas, estaría en la intención de darle al poema una textura narrativa. Esta línea tiene un punto determinante en "Gualeguay", un poema de 600 versos de contenido autobiográfico, en el que Ortiz define además sus preocupaciones por lo que Prieto denomina "el poeta en la sociedad".[139] Por otra parte, el carácter narrativo de la poesía de Ortiz está consciente y deliberadamente presente en la producción de Juan José Saer, conocido sobre todo como novelista, pero al que varios de los poetas de los noventa reivindican en su faz de poeta: de hecho, su presencia ha sido frecuente en *Diario de Poesía*, donde declara en una entrevista: "La poesía es el arte literario por excelencia". La poesía de Saer se ha publicado, a lo largo de diversas ediciones aumentadas, bajo el significativo título de *El arte de narrar*.[140]

---

[139] Ortiz encontraba en Raúl González Tuñón una de las figuras esenciales de la poesía argentina en ese sentido.

[140] La imbricación entre poesía y prosa, que rompe con la tradicional oposición o polarización entre ambas, es consustancial al objetivismo. En este sentido, podría figurar en el pórtico de esta poética la famosa *boutade* de Pound según la cual el mejor poeta del siglo XIX habría sido Flaubert. *En Diario de un libro* (1972), Alberto Girri escribe: "Las virtudes de la prosa, desnudez, economía, eficacia, fijarlas asimismo como metas del poema. Reconfortante autenticidad de la prosa, aligerando de divagaciones cualquier tentativa de poema, advirtiéndonos indirectamente que el poema es, además de objeto, experiencia de la voluntad de verdad". Según Martín Prieto (*Diario de Poesía*, nº 18), estas palabras valen más para los poemas de Joaquín O. Gianuzzi que para los del propio Girri. Es de obligada mención, también, un artículo de Daniel García Helder ("El neobarroco en

Para completar el panorama de los poetas de la generación anterior, es decir los nacidos en torno a mediados del siglo, cuya presencia es visible a través del cristal de la generación más joven, hay que mencionar a Daniel Samoilovich (Buenos Aires, 1949).[141] En 1987 Samoilovich fundó la revista *Diario de Poesía*, que se convertiría en el foro principal de la difusión de la nueva poética objetivista en Argentina. Sus diferencias son notorias con Daniel García Helder y, aún más, con poetas más jóvenes, como Alejandro Rubio o Santiago Vega. En Samoilovich la realidad todavía incluye al arte (sobre todo a la pintura, referencia importante en su poesía) y su verso se deja imantar por los ecos de poetas finamente paródicos, como Montale o Auden. Como en ellos, su mirada está siempre

---

Argentina", *Diario de Poesía*, nº 4, 1987) que podría tomarse como un hito en el rechazo del neobarroco y la emergencia de la nueva tendencia objetivista. Tras citar una vez más a Pound ("La gran literatura es sencillamente idioma cargado de significado hasta el máximo de sus posibilidades"), Helder, que por entonces tenía 25 años, escribe: "Los que nos apoyamos en esta sentencia (...) no apreciamos, obviamente, [las] obras del neobarroco, expresivas, ricas en especies y artificios, en fin: deliberadamente barrocas. (...) Inversamente, todavía nos preocupa imaginar una poesía sin heroísmos de lenguaje, pero arriesgada en su tarea de lograr algún tipo de belleza mediante la precisión (...). Que la palabra justa, ese sueño de Flaubert y de tantos otros, sea una ilusión de prosistas con la que los poetas a menudo no quieran transar, no invalida el esfuerzo de nadie por conseguir el sustantivo más adecuado y el adjetivo menos accesorio para lo que se intenta decir".

[141] Además de su propia obra poética (véase en la Bibliografía), Samoilovich ha traducido a numerosos poetas anglosajones y a Horacio. Su profusa labor como crítico y como periodista cultural se ha publicado en diversos periódicos y, sobre todo, en la revista *Diario de Poesía*.

atenta al paisaje, nunca se deja tentar por las abstracciones ni por ninguna *maniera* del gongorismo. Escribe Daniel Freidemberg: "El pensamiento, en el sistema objetivista de Samoilovich, es un objeto, tanto como los cascos de los barcos en la bahía, las opiniones de los críticos de Manet o la fijeza de la mirada de la lechucita sorprendida en el espinillo". Y también, mostrando la singular proximidad de Samoilovich a la generación más joven: "Aun conociendo la insalvable grieta entre el lenguaje y las cosas, y con plena conciencia de la imposibilidad de 'ceñirse' al objeto o 'traducirlo', no conviene soslayar la importancia que en ese entonces [a finales de los años ochenta] comenzaba a tener la presencia de objetos en los poemas de Samoilovich, Luis Tedesco, D. G. Helder o Martín Prieto (...)".[142] Beatriz Sarlo, por su parte, ya supo ver en 1984, en el prólogo a *El mago*, algunas de las características que definirían toda la producción de Samoilovich: "(...) comienza con una cierta distancia fría, desmenuza el argumento, sale al cruce de las objeciones que puedan levantarse y, cuando parece que todo está a punto de terminar, pega una vuelta, dispara hacia aquello que estaba oculto en las premisas, hace girar una palabra y con ella todo el discurso".

---

[142] Cfr. Daniel Freidemberg, "Estudio preliminar" a *Rusia es el tema*, antología poética de Daniel Samoilovich, con que se abrió la colección Poetas de hoy, de la editorial Libros de Tierra Firme, Buenos Aires, 1996.

V
Los consagrados y la estrategia del olvido

De las generaciones anteriores los poetas de los noventa rescatan a Raúl González Tuñón, Juan L. Ortiz, Manrique Fernández Moreno, Leónidas Lamborghini, Joaquín Gianuzzi y Juana Bignozzi. No casualmente, estos tres últimos han sido objeto de dossiers monográficos en *Diario de Poesía*. Se insinúa ahí la postulación de un nuevo canon de la poesía argentina, estructurado en torno a unos poetas a los que hasta entonces no se les había adjudicado un lugar central.

Ahora bien, dentro del sistema de consagraciones y condenas que constituyen las literaturas nacionales, hay olvidos u ocultaciones no menos significativos que los ejercicios de memoria. Toda la poética objetivista podría leerse como un intento de fundar un sistema de la poesía argentina que excluya por completo la figura de Jorge Luis Borges. Es cierto que la losa borgeana es mucho más pesada en la prosa que en el verso. Sin embargo, la impregnación de lo que podríamos denominar la ideología literaria de Borges, su *magisterio*, también invadió, desde los años setenta, el espacio poético. En este sentido, lo provocativo de los poetas de los noventa, desde la reivindicación de la "poesía peronista" de Lamborghini hasta la visión de un Buenos Aires severamente desmitificado y captado en sus aspectos más brutales y guarangos, sería un gesto de nítida raigambre antiborgeana. La motivación es doble: por un lado (la parte consciente), la deliberada voluntad de sacarle la lengua a la "cultura oficial" o biempensante; por el otro (la parte inconsciente), la única forma de quitarse de encima la losa borgeana consiste en mirar completamente para otro lado: llevar la literatura más allá de los límites de la biblioteca, hacerla chocar –sin amortiguación de enciclopedias ni moldes retóricos– con el lunfardo y el choripán.

De los otros poetas consagrados que se encuentran hoy en una cierta penumbra habría que nombrar sobre todo a los grandes surrealistas: Enrique Molina y Olga Orozco. Esta poesía, construida en base a largas digresiones metafóricas y a intensas imágenes oníricas, se encuentra en el polo opuesto de la poética del objetivismo.

VI
Después del objetivismo

Los más jóvenes de la tendencia objetivista parecen adoptar con creciente firmeza la impostura de un rechazo de todo lo que suene a cultura prestigiosa, lenguaje literario, clasificaciones académicas. Si García Helder o Martín Prieto son, todavía, poetas que exhiben su formación en la lectura de los clásicos, en Alejandro Rubio, por ejemplo, es evidente el gesto de impugnación de todo lo que provenga de la alta cultura, del discurso letrado (en este sentido, la rebelión antiborgeana es más fuerte en los más jóvenes).

La utilización de palabras vulgares es indisoluble del ataque a las instituciones, y la biblioteca es parte de esos estatutos destronados de un plumazo.

En el "Ensayo de lectura de *Música mala*" de D. G. Helder, publicado a modo de posfacio del primer libro de Rubio, se lee que "el coeficiente artístico de los poetas tipo Rubio no se medirá por su nivel cultural ni por el largo de sus raíces en la Tradición, sino más bien por su aprehensión del Zeitgeist". Sin embargo, para ubicar la poesía de Rubio, Helder menciona a Cervantes, Céline, Byron, Lautréamont, Borges, Saer, Arlt, Lamborghini, Gianuzzi... quizá porque el Zeitgeist no tiene que ver con la exhibición del saber adquirido en la frecuentación de las bibliotecas y las revistas literarias (cosa que sí practicó hasta la fatiga el neobarroco) sino en ese retorcimiento de la lengua y del paisaje (social o sentimental, público o privado) que los poetas captan y plasman. La percepción del espíritu del tiempo se produce justamente allí donde una tradición parece romperse, donde hay algo que chirría en el canon, donde el poema tienta su límite con el exabrupto y el lugar común. En Rubio, la intensidad lírica se convierte casi siempre en violencia, y viceversa.

El choque entre cultura letrada por un lado, paisaje y lengua degradada por otro, es evidente en *Punctum*, de Gambarotta: el título mismo, una palabra latina, implica ya la posesión de una formación clásica; pero el asunto, los personajes (el Guasuncho, Manolo, Cadáver), la lengua del poema parecen apuntar en la dirección contraria de lo que podría esperarse de un joven que ha frecuentado la alta cultura. Algo del imaginario social argentino de esos años, marcado por un radical desengaño de todas las promesas políticas, institucionales, ideológicas, se plasma allí. No tiene que ver con la posesión de mayor o menor número de lecturas, sino con la adhesión a una estética de lo bajo, de la violencia cotidiana, del rechazo de toda institución que se atribuya el poder de establecer escalafones de sublimidad poética.

Dicción en la poesía argentina

En una conferencia de 1969, Ángel Rosenblat señalaba: "Prescindiendo de ciertas corrientes que se suelen llamar barrocas o preciosistas (...), parece que la constante más visible [en la literatura española] es cierto realismo o popularismo lingüístico, que ha dado obras tan representativas como las novelas de caballería, el romancero, el teatro clásico, el Quijote, la novela de Galdós. Escribir como se habla ha sido ideal del español desde Juan de Valdés hasta Unamuno (...) En Hispanoamérica esa relación entre lengua hablada y escrita tenía que ser naturalmente más compleja. La lengua hablada se ha diferenciado desde la primera hora. Pero el ideal de lengua escrita siguió siendo la lengua escrita de la Península".[143] Partiendo de la base de que el castellano de España es "una lengua muerta", Sarmiento había propuesto adaptar la gramática, empezando por la ortografía, a la nueva inflexión del habla argentina, que vivificaba el castellano. Esta idea va tomando forma a lo largo de la polémica que, a través de diversos artículos en la prensa, lo enfrentó al lingüista y poeta venezolano Andrés Bello, padre del purismo en el continente americano.

---

[143] Ángel Rosenblat, "Lengua literaria y lengua popular en América", en *Nuestra lengua en ambos mundos*, Barcelona, Salvat, 1986, p. 103.

Frente a la creciente lejanía que se daba en la América española entre lengua escrita y habla –precisamente porque aquélla, como señala Rosenblat, seguía el modelo peninsular–, Sarmiento fue vehemente: en cuestiones de lengua, el pueblo tenía soberanía absoluta, no existía autoridad institucional que pudiera legislar, y el idioma escrito debía seguir el modelo del hablado. Éste fue el punto central de la polémica con Bello, que se desencadenó a principios de la década de 1840 en Chile, donde Sarmiento estaba exiliado y donde Bello vivía desde 1829, considerado la máxima autoridad en literatura y gramática.

En 1841 Sarmiento publicó en *La Bolsa* de Santiago un artículo titulado "Un plan de educación de americanos en París", en el que se hacía eco de las ideas ya expresadas por Echeverría y Alberdi: "Desprendidos en política de España, su abuela común, por su emancipación, [los pueblos americanos] no lo están aún en artes, en literatura, en costumbres ni en ideas. (...) Los idiomas, en las emigraciones como en la marcha de los siglos, se tiñen con los colores del suelo que habitan, del gobierno que rigen y las instituciones que los modifican. (...). Una vez dejaremos de consultar a los gramáticos españoles, para formular la gramática hispanoamericana, y este paso de la emancipación del espíritu y del idioma requiere la concurrencia, asimilación y contacto de todos los interesados en él".[144] El año

---

[144] D. F. Sarmiento, *Obras completas*, vol. XII, Buenos Aires, Luz del Día,

siguiente, en *El Mercurio* de Valparaíso, al comentar los *Ejercicios populares de lengua castellana* de Pedro Fernández Garfias, insiste: "Convendría, por ejemplo, saber si hemos de repudiar, en nuestro lenguaje hablado, o escrito, aquellos giros o modismos que nos ha entregado formados el pueblo de que somos parte (...) La soberanía del pueblo tiene todo su valor y su predominio en el idioma; los gramáticos son como un senador conservador, creado para resistir los embates populares, para conservar la rutina y las tradiciones. Son, a nuestro juicio, si nos perdonan la mala palabra, el partido retrógrado, estacionario, de la sociedad habladora (...) ¡y que no hay remedio, y el pueblo triunfa y lo corrompe y lo adultera todo!".[145]

Andrés Bello contestó que era absurdo y arbitrario atribuir al pueblo la soberanía en materia de lengua. Los extranjerismos, dice, no son introducidos por el pueblo, sino por los iniciados en lenguas extranjeras que no conocen "los admirables modelos de nuestra rica literatura". Los gramáticos se oponen a ello, no como conservadores de tradiciones y rutinas, "sino como custodios filósofos", encargados de fijar las palabras y establecer su dependencia y coordinación en el discurso, "de modo que revele fielmente la expresión del pensamiento". Si se admiten las locuciones exóticas, los giros opuestos al genio de nuestra lengua

---

1948-56, p. 184.
[145] *Ibídem*, vol. I, p. 215-216.

"y las chocarreras vulgaridades e idiotismos del populacho" caeríamos en la oscuridad y el embrollo, "a que seguiría la degradación, como no deja de notarse ya en un pueblo americano, otro tiempo tan ilustre, en cuyos periódicos se va degenerando el castellano en un dialecto español-gálico".[146] Era una clara alusión al periodismo de Buenos Aires. Bello sentencia: "En las lenguas, como en la política, es indispensable que haya un cuerpo de sabios, que así dicte las leyes convenientes a sus necesidades, como las del habla en que ha de expresarlas: y no sería menos ridículo confiar al pueblo la decisión de sus leyes, que autorizarle en la formación del idioma".[147]

El 22 de mayo de 1842, Sarmiento agudiza la polémica: "Los pueblos en masa, y no las academias, forman los idiomas (...) El idioma de un pueblo es el más complejo monumento histórico de sus diversas épocas y de las ideas que lo han alimentado, y a cada faz de su civilización, a cada período de su existencia, reviste nuevas formas, toma nuevos giros y se impregna de diverso espíritu. (...) Los idiomas vuelven hoy a su cuna, al pueblo, al vulgo, y después de haberse revestido por largo tiempo el traje bordado de las cortes, después de haberse amanerado y pulido para arengar a los reyes y a las corporaciones, se desnuda de estos atavíos para no chocar al vulgo a quien los escritores se

---

[146] Andrés Bello, *Obras completas*, Santiago de Chile, Editorial Nacimiento, 1930-39, vol. IX, pp. 435-440.
[147] *Ibídem*, pp. 438-439.

dirigen, y ennoblecen sus modismos, sus frases y sus valientes y expresivas figuras".[148]

Sarmiento impugna incluso el influjo de los clásicos de la lengua en beneficio del cosmopolitismo. Exhorta a la juventud: "Cambiad de estudios, y en lugar de ocuparos de las formas, de la pureza de las palabras, de lo redondeado de las frases, de lo que dijo Cervantes o Fray Luis de León, adquirid ideas de donde quiera que vengan (...) que eso será bueno en el fondo, aunque a veces sea inexacto; agradará al lector, aunque rabie Garcilaso. Entonces habrá prosa, habrá poesía, habrá defectos, habrá belleza. La crítica vendrá a su tiempo y los defectos desaparecerán".[149] Y luego, personificando en Bello el ataque al academicismo: "Se lo habríamos mandado a Sicilia, a Salbá y a Hermosilla que, con todos sus estudios, no es más que un retrógrado absolutista, y lo habríamos aplaudido cuando lo viésemos revolcado en su propia *cancha*; allá está su puesto, aquí es un anacronismo perjudicial".[150] Sarmiento prosiguió después la polémica con los discípulos de Bello, ya que éste, treinta años mayor que el argentino, prefirió retirarse. En junio de 1844, Sarmiento compone un artículo como un *collage* de citas de Larra, el único escritor español contemporáneo al que respetaba: "(...) El que una voz no sea castellana es para nosotros objeción de poquísima importancia (...) Libertad en

---

[148] Sarmiento, *op. cit.*, p. 229.
[149] *Ibídem*, p. 230.
[150] *Ibídem*, p. 230.

literatura como en las artes, como en la industria, como en el comercio, como en la conciencia. He aquí la divisa de la época, he aquí la nuestra. El entusiasmo es la gran regla del escritor, el único maestro de lo bello y de lo sublime".[151]

Sarmiento proclamaba que la lengua pertenece al pueblo. Para Bello en cambio la lengua debía remitirse a la tradición culta y a una institución que legislara sobre ella para evitar su dispersión, su fragmentación en ámbitos no sólo nacionales sino regionales. Bello piensa en un castellano para toda América, Sarmiento piensa en un proyecto para Argentina. En 1843 había escrito su *Memoria sobre ortografía americana* –leída en la recién inaugurada Facultad de Filosofía y Humanidades de Santiago de Chile– en donde defendía la instauración de una ortografía nueva, "una ortografía vulgar, ignorante, americana, sin h, ni u muda, ni z, ni v, ni x".

Setenta años más tarde, Lugones adoptará una posición intermedia para superar el enfrentamiento: la lengua per-

---

[151] El artículo apareció en el diario chileno *El Progreso*; está recogido en D. F. Sarmiento, *ibídem*, pp. 250-251. Mariano Morínigo sostiene que la polémica entre Sarmiento y Bello es la versión americana de la oposición, en el Viejo Mundo, entre románticos y clasicistas, o entre revolucionarios y conservadores: "Cuando Bello pensaba en la lengua española, campeaba en él el criterio del filólogo que conoce a fondo su materia. Cuando Sarmiento pensaba en la lengua, su mirada escrutaba la cultura española, sinónimo para él de atraso, y recrudecía y hervía en él todo el antihispanismo de sus horas combativas". En "Americanismo literario: formas antagónicas", *Cuadernos de Humanitas* nº 23, Tucumán (Argentina), Universidad Nacional de Tucumán, Facultad de Filosofía y Letras, 1967, p. 13.

tenece al poeta, quien en su canto recoge y eleva la voz del pueblo; de allí el lugar central, supremo, que ocupa el poeta en la formación y el destino de una nación. Esta posición asoma en *Historia de Sarmiento*, parafraseando la famosa sentencia de Buffon –"el estilo es el hombre"–[152] e imponiendo, como a todo, su visión exclusivamente épica y agonística de la historia intelectual: "El argentino lo derrotó [a Bello] sin trabajo con artículos admirables que deberían ser trozos selectos para nuestras clases de literatura. Su doctrina tenía por fundamento esta gran conquista romántica: la personalidad del autor en el estilo, mientras la regla académica de escribir conforme a canon engendra la parálisis espiritual y el comunismo descaracterizado del rebaño".[153]

Seguramente Lugones pensaba en sí mismo al referirse a Sarmiento como un precursor de Darío: "Tras los laboriosos espejuelos de aquel desordenado redactor [se refiere a la labor periodística de Sarmiento en Chile] brillaba, sin embargo, la luz futura. Allá en su ostugo del *Portal* santiaguino incubábase solitario el huevo del águila. 'Educar el idioma', decía Sarmiento. 'Emancipar la lengua', sostenía *Figarillo* [Alberdi]. Todo era uno, puesto que se trataba de adaptarlo a la expresión de la libertad, libertándolo a su vez de la retórica, esa sucursal del convento y del fisco. Y la

---

[152] Resulta paradójico en este contexto, si recordamos que el naturalista francés emitió esa frase en su discurso de ingreso a la Academia Francesa, en 1851.
[153] Leopoldo Lugones, *Historia de Sarmiento*, (1911), Buenos Aires, Academia Argentina de Letras, 1988, pp. 162-163.

renovación del castellano ha acabado por invadir la misma España, cuya juventud intelectual escribe ahora como nosotros. Sarmiento es un precursor de Rubén Darío".[154]

Sin embargo, el grueso de la América hispánica terminó por ser más *bellista* que *sarmientista*, y en muchas ocasiones la autoridad académica pesó más que en la misma España. Además del purismo venezolano, herencia de Andrés Bello, está Colombia, y las célebres *Apuntaciones críticas sobre el lenguaje bogotano*, de Rufino José Cuervo, obra aumentada a lo largo de sucesivas ediciones, desde la primera, de 1867, hasta la definitiva, póstuma, de 1914.[155] Pero en el Río de la Plata la rebelión iniciada por Echeverría había prendido con una fuerza única y definitiva: "En ninguna otra parte se dio con esa intensidad el clamor por una lengua nacional propia, a no ser en el Brasil y en los Estados Unidos", señala Rosenblat.[156] De modo que en la literatura argentina aparece, desde el origen la doctrina de que el escritor tiene el deber de modernizar la lengua mediante la escucha atenta del habla popular. No sin ambigüedades, puesto que Lugones, por ejemplo, idolatró y despreció al gaucho payador en un mismo movimiento, tanto como hizo Borges con Carriego. Pero es elocuente el hecho de que confiesa envidiar algo en Carriego, algo que él creía

---

[154] *Ibídem*, p. 163.

[155] Véase Ángel Rosenblat, *op. cit.*, p. 123.

[156] *Ibídem*, p. 124. Acerca de la interesante incidencia de un debate muy semejante a este en Estados Unidos, véase Edmund Wilson, *Patriotic Gore. Studies in the American Civil War* (1962), New Cork, W.W. Norton & Co, 1994.

haber perdido para siempre, "el alma del suburbio", "la canción del barrio": "Yo creí, durante años, haberme criado en un suburbio de Buenos Aires (...) Lo cierto es que me crié en un jardín, detrás de una verja con lanzas, y en una biblioteca de ilimitados libros ingleses (...) ¿Qué había, mientras tanto, del otro lado de la verja con lanzas?".[157] La biblioteca aparece como muralla entre el ámbito de la cultura y el *verdadero* suburbio, entre el mito del idioma argentino y el habla fresca de la calle. Carriego era "riquísimo" en amistades de barrio y "escribía poco, lo que significa que sus borradores eran orales".

En la "Carta abierta a *La Púa*", fechada en París en 1922 y dispuesta como prólogo a *Veinte poemas para ser leídos en el tranvía*, Girondo anota: "Porque es indispensable tener fe (…) en nuestra fonética, desde que fuimos nosotros, los americanos, quienes hemos oxigenado el castellano, haciéndolo un idioma respirable...". Pero los *Veinte poemas* muestran que Girondo no se refiere a una reproducción del habla popular sino a una actitud frente a la lengua, a una forma de trabajar la lengua literaria renovada y productiva, que consienta el neologismo (los muelles de Bretaña están "mercerizados" por la pesca) y se abra al imperio de la imagen, a la búsqueda constante de metáforas, propia de la primera vanguardia. Girondo encuentra "ritmos al bajar la escalera, poemas tirados en medio de la calle, poemas

---

[157] J. L. Borges, Prólogo a *Evaristo Carriego* (1930), en *Obras completas*, Buenos Aires, Emecé, 1974, p. 101.

que uno recoge como quien junta puchos en la vereda"[158], de un modo semejante al de los "objetos encontrados" de Marcel Duchamp.

En la década de 1960, el "idioma respirable" que quería Girondo aparece ya con una fuerte impregnación de la lengua coloquial. No solamente en la poesía de Juan Gelman o Leónidas Lamborghini, sino también, notoriamente, en la novela. La fascinación que produjeron por entonces Sabato y Cortázar se debió, en buena medida, a la aparición de esa inflexión argentina del habla representada en la prosa, con el importante antecedente de *Adán Buenosayres* (1948), de Leopoldo Marechal.[159] Veinte años más tarde, a finales de los ochenta, se abre la escena de lo que se llamó realismo u objetivismo en la corriente dominante de la poesía argentina, que atraviesa la década de 1990 y lo que va del 2000. Realismo en un sentido casi naturalista, en el que la cosa a imitar es el habla con sus impregnaciones de lunfardo, extranjerismos, mezcla de registros de todos los niveles. Al detenerse en

---

[158] Oliverio Girondo, "Carta abierta a La Púa", en *Obras*, Buenos Aires, Losada, 1968, p. 49.

[159] La preocupación por representar la lengua coloquial sigue siendo muy visible en la narrativa argentina actual. Martín Kohan, por ejemplo, escribe: "los actos de habla no acaban de plasmar una manifestación de lo argentino sino en las formas del habla oral, en las formas del decir, en la pronunciación, en el acento. Existe en la literatura (…) una sostenida voluntad de representación de la oralidad (…) en el afán de constituir los rasgos de la identidad nacional (…)". En "Una manera de decir", en Ma. Celia Vázquez y Sergio Pastormelo (comp): *Literatura argentina. Perspectivas de fin de siglo. X Congreso Nacional de Literatura Argentina*, Buenos Aires, Eudeba, 2002, p. 478.

tres exponentes de la última poesía argentina –Washington Cucurto, Roberta Iannamico y Martín Gambarotta– Tamara Kamenszain señala el antecedente de *Argentino hasta la muerte* (1963) de César Fernández Moreno, "que ataba la argentinidad al estereotipo de un modo de decir".[160] Martín Prieto, por su parte, sostiene que en el largo poema de Fernández Moreno "una suerte de fervor carnavalesco, en el que se mezclan lo alto con lo bajo, lo culto con lo popular, el inglés con el lunfardo, construyen formalmente una imagen de la inestabilidad inarmónica que había instalado en el país la revolución peronista: 'te avisé gallo ciego pero no tenés ni lenguaje/ te las vas a armar Mallarmé/ que vachaché Jacques Vaché/ what do you think cholito'".[161]

En *Argentino hasta la muerte* la incorporación al poema de la lengua coloquial equivale a una interrogación acerca de la nacionalidad como cifra autobiográfica, acerca de qué significa ser argentino: "y bueno soy argentino" es el verso que se repite a modo de estribillo al final de cada estrofa. El poema empieza cotejando el origen de la ciudad con el de la genealogía personal ("a Buenos Aires la fundaron dos veces/ a mí me fundaron dieciséis"), en una cómica estadística de la composición de su familia ("el partido

---

[160] T. Kamenszain, "Testimoniar sin metáfora, narrar sin prosa, escribir sin libro. La joven poesía argentina de los noventa", en Jorge Fondebrider (ed.), *Tres décadas de poesía argentina (1976-2006)*, Buenos Aires, Libros del Rojas, p. 223.
[161] M. Prieto, *Breve historia de la literatura argentina*, Buenos Aires, Taurus, 2006, p. 383.

termina así/ combinado hispanoargentino 13 franceses 3"). La supresión de los signos de puntuación y la coincidencia entre verso y período gramatical –evitando así el encabalgamiento– recuerdan a Apollinaire. "Este mundo era nuevo qué fácil ponerse las ofrecidas botas" parece una respuesta evidente del poeta argentino al primer verso de "Zone" (1913): "À la fin tu est las de ce monde ancien" ("Por fin estás cansado de este mundo antiguo").

Tres décadas de poesía argentina incluye también un trabajo de Martín Gambarotta, "El habla como materia prima". Gambarotta narra allí un relato de iniciación: a sus veintipocos años se fascinó con la obra de Juan José Saer, leyó en unos cuantos meses buena parte de sus novelas: "Se me produce un deslumbramiento absoluto, pero que era también lejano, porque yo leía a Saer y era como haberme topado con Faulkner, Dostoievski, Joyce, incluso me anulaba a mí como posibilidad de crear algo en ese nivel".[162] Con *Glosa* se rompe el encantamiento: "El personaje central de la novela se me hacía un tanto ridículo y afectado (…) A la vez, la estructura se me hacía demasiado artificial". Gambarotta cuenta que salió de ese atasco tras asistir a una lectura de Juan Desiderio, el autor de *La zanjita*, poema emblemático de los noventa, del que copio los primeros versos:

---

[162] M. Gambarotta, "El habla como materia prima", en *Tres décadas de poesía argentina, op. cit.* p. 238.

Meté la mano
sacá lo hueso de poyo
de la zanja
meté la mano
te cortaste lo dedo
por sacar la mitá
de lo cien peso
de la tierra
y tus tendones
se vieron hermosos
bajo el sol

A la imitación del habla como paradigma del lenguaje literario, presente desde Sarmiento, se agrega aquí un nuevo imperativo: la búsqueda de una cierta naturalidad, el deseo de deshacerse de lo artificioso de los procedimientos literarios. Las lanzas de la verja del patio de Borges dividen ahora el ámbito de la poesía en sentido inverso: ésta debe dar la apariencia de quedarse del lado de la calle. Sin embargo, también en Desiderio la inflexión y hasta la grafía popular de la lengua reclama, en el poema, la inflexión lírica. En el fragmento citado, los últimos tres versos ("y tus tendones/ se vieron hermosos/ bajo el sol") se separan casi bruscamente del resto para pasar de la anécdota y el lenguaje popular a la irrupción de una idea poética: lo horrible —un corte profundo en unos dedos— es estetizado para parecer "hermoso"; y para ello el imperativo de la precisión en el nombrar –no carne viva, ni sangre, sino "tendones"– se impone como un procedimiento formal ineludible.

Para que la estrofa que empieza "Meté la mano/ sacá lo hueso de poyo" interese como poesía y no como registro costumbrista hace falta lo "hermoso" de los tendones brillando al sol. El artificio –lo formal– reaparece como catalizador de la anécdota en poema. Algo evidente, por otra parte, en la producción del propio Gambarotta, sobre todo en *Punctum* (1996), que apela a un cultismo desde su título. El libro está escrito en un registro llano y coloquial; pero acaso el cultismo del título es, precisamente, un lugar sesgado desde el que el poema debe ser leído en perspectiva. Tamara Kamenszain dice que *punctum* es "un término acuñado por Roland Barthes en su libro *Cámara lúcida*"; pero Daniel Samoilovich, en su reseña al libro de Gambarotta publicada en *Diario de Poesía* (nº 42, invierno de 1997), señalaba: "El diccionario de latín ofrece en la entrada *punctum* una variedad de significados, casi todos ellos pertinentes a la hora de pensar este libro: pinchazo, pequeño agujero, momento o espacio breves, aspecto clave de un asunto, tanto en un juego; varios de ellos –el que alude al pinchazo de una aguja, el que remite al que se vuelve centro de una atención malevolente (como cuando alguien es tomado 'de punto')– se conectan asombrosamente con el habla y los temas del presente: como dando un salto mortal, de momento a momento, entre el latín y el hoy por encima de toda convención letrada".

La rebelión contra el neobarroco, que empieza a mediados de los ochenta, no era sólo la manifestación de una clásica alternancia generacional, sino el acto de rechazo de una de las tendencias *naturales* de la poesía en castellano, la barroquizante. Hacerle al castellano aquello que el castellano no quiere dejarse hacer: es el entramado oculto de buena parte de la poesía argentina. Rechazar lo barroquizante en la búsqueda de otro trabajo formal, basado en la construcción del poema más que en su sintaxis: de allí el resurgir, desde los noventa, de la composición extensa como una de las constantes de la nueva poesía argentina.

En el paso de Saer a Desiderio, Gambarotta se encuentra además con otro poeta, Ricardo Zelarayán. Gambarotta cita estas dos frases del posfacio a *La obsesión del espacio* en el que Zelarayán mezcla ecos de eslóganes peronistas con glosa lacaniana: "La única realidad es el lenguaje", dice, y agrega: "No existen los poetas, existen los hablados por la poesía". El único sujeto que existe de verdad es la poesía, no el nombre de quien la ejerce, porque la lengua misma canta en el poema. Y hay otra frase de Zelarayán, que Gambarotta cita para ejemplificar su idea de que el habla es la materia prima de la poesía: "No sé cómo empezar pero empiezo nomás. Hoy estaba almorzando en una pizzería y oí una conversación telefónica del cajero que estaba detrás del mostrador. 'Escúcheme don Juan —decía el cajero—, la verdad es que cuando hablo con usted salen cositas...""[163]. Este pasaje es casi un manifiesto: en primer lugar, no hay plan, no se sabe por dónde empezar y ésa es ya una manera de empezar; después están esas "cositas" que aparecen al escuchar, como un chismoso más o menos involuntario y ocioso, las conversaciones telefónicas de un cajero de pizzería.

Otra de estas *cositas* que salen del habla popular argentina y pasan a la poesía de los noventa se encuentra en el primer verso –citado con frecuencia como emblemático de la poesía de los noventa– de *Metal pesado* (1999) de Alejandro Rubio:

Me recontracago en la rechota democracia...

Los jóvenes críticos Ana Mazzoni, Violeta Kesselman y Damién Selci, en un agudo trabajo publicado en la revista digital *Éxito*[164], derivan de esta línea de Rubio buena parte de su poética y la de sus compañeros de generación: "Este verso es una queja moral por el ser-así, pero una queja *individual* –y no, por ejemplo, una protesta colectiva o una demanda. Rubio detecta el ser-así, le da entidad, y no quiere abandonarse a él. Por eso, se queja y patalea, se revuelve, festeja alguna trasgresión parcial (...), pero no pasa de ahí. *Metal pesado* es, en este sentido, un libro profundamente pesimista". Lectura irreprochable, aun teniendo en cuen-

---

[163] R. Zelarayán, *La obsesión del espacio* (1972), Buenos Aires, Atuel, 1997, p. 83.
[164] Nº 13, en www.hacemellegar.com.ar.

ta que sería difícil encontrar, en la tradición moderna, un libro de poesía más o menos significativo que no sea pesimista. Pero, ¿no será que, además, el verso de Rubio alcanza su eficacia poética en su notoria insistencia en las oclusivas sonoras: "**recontracago... rechota... democracia**"? ¿No aparece allí, junto con la evidente y desafiante predilección por el habla vulgar, el procedimiento específicamente poético, la *función* poética, para utilizar los clásicos términos de Roman Jakobson? Como gesto infantil del poeta, niño vitalicio del sentido, el *cagarse* es, también, el regalar su oro a esa democracia que es enaltecida a la vez que denostada. Habría que volver, aquí, al significado literal, atravesando la figuratividad de los usos fijados por la lengua. Como apunta Paul de Man,[165] "la retórica suspende de manera radical la lógica y se abre a posibilidades vertiginosas de aberración referencial". De este modo, en el poema, la lectura literal es la escondida y la que puede revelar un significado más interesante. El "cagarse" del verso de Rubio, entonces, como acto escatológico que apunta a provocar no tanto a la "rechota democracia" como a la ciudadela de iniciados en la poesía. Pues no se trata aquí de "poesía popular" sino de un gesto que, precisamente en lo soez de su registro, se manifiesta como ejercicio netamente *artístico*. De un modo semejante, Fabián Casas se adhiere a la alta tradición de la

---

[165] Paul de Man, "Semiología y retórica", en *Alegorías de la lectura* (1979), trad. de Enrique Lynch, Barcelona, Lumen, 1990, p. 24.

poesía moderna cuando titula su libro *El spleen de Boedo*, poniendo al arrabal porteño bajo la égida de Baudelaire.

A la constatación de que la "rechota democracia" anula toda aspiración de mejora política corresponde la asunción de una lengua que se restringe al registro bajo de lo coloquial. Kamenszain ve en Cucurto, Gambarotta y Roberta Iannamico una "especie nueva de yo lírico", "una especie de post-yo", en el que aparece "aquella marca racial" que se le demandaba a la poesía argentina.[166] Pero la escritura da historicidad al habla, convierte la oralidad en concepto: la oralidad sería el término de conmutación entre el habla y la escritura.[167] Si tiene algún valor más allá del costumbrismo, la reconstrucción del habla en lo escrito, y sobre todo en la poesía, es un trabajo consciente que requiere una estrategia en la que no entra la mera transcripción: en lo "hermoso" de los tendones al sol –en Desiderio– y en las oclusivas estridentes de Rubio y en el oro de su deposición. El habla se historiza en la escritura y adquiere en el poema la formalidad de su espesor de sentido –el concepto de lo oral no es homogéneo en César Fernández Moreno y

---

[166] T. Kamenszain, *op. cit.*, p. 225.
[167] "Encore faut-il commencer par analyser la définition courante, qui confonde l'oralité avec le parlé (…) La question de l'oralité suppose en effet une poétique (…) L'opposition de l'oral à l'écrit confond l'oral et le parlé. Passer de la dualité oral/écrit à une répartition triple entre l'écrit, le parlé et l'oral permet de reconnaître l'oral comme un primat du rhytme et de la prosodie, avec sa sémantique propre (…)". Henri Meschonnic, *La rime et la vie* (1989), edición revisada y aumentada, París, Verdier, 2006, pp. 277-278.

en Cucurto-Vega, por ejemplo, en quien aparece un nuevo cocoliche, no ya por la inmigración italiana sino por la boliviana y paraguaya: un cocoliche americano, un registro del día para una especie nueva de indigenismo.

Zeitgeist ZurDo (epílogo a una antología de última poesía latinoamericana)

La *zurda* supone una derecha, una norma de la que se desvía, una afirmación solemne de la que hace mofa. Pero la norma se perdió, la derecha no existe o es inorgánica, espasmódica, las *belles letres* se desdibujaron y perdieron. Pascal escribe: "Como la verdadera naturaleza se ha perdido cualquier cosa puede ser naturaleza". Y Lezama lo corrige: "Como la verdadera naturaleza se ha perdido, hay que inventar una sobrenaturaleza". Hay que cambiar ahí "naturaleza" por "poesía" y pensar hasta qué punto la poesía "verdadera", la poesía derecha, ha desaparecido del mapa, salvo como ese lugar de silencio, de negatividad, contra el cual siguen disparando los poetas jóvenes del mundo, no convencidos todavía de que el enemigo se ha retirado de la palestra. Estos *zurdos* son una muestra. Pues si buena parte de los antologados derivan claramente de una línea antipoética y tardovanguardista, acérrima luchadora contra el mito del poeta esotérico poseído por la musa (en cualquiera de sus versiones: amorosa, militante, ensimismada), las filiaciones se mezclan en un efusivo carnaval de genealogías.

Zeitgeist del *zurdo* (tal como aquí se concibe): disgregado y anárquico, fuera de una poética colectiva, agrupado si acaso precisamente por la desilusión de todo enunciado que, en América latina, siguiera el arquetipo de una ideología estética. Los poetas de hoy están solos en su revuelta iconoclasta, "demoliendo hoteles" después de que haya pasado el tiempo, como decía Charly García en un estribillo: los hoteles donde dormían las categorías del pasado, con sus nombres prestigiosos, depreciados ahora y reducidos casi todos a billetes sin valor numismático. Desilusión de todas las doctrinas, desde la izquierda ecuménica de los sesenta y setenta al lacanismo gongorino de los ochenta: sólo quedan ahora procedimientos, curiosa estetización de la revuelta antiestética, sordos emborronamientos individuales de todos los dinosaurios de nuestras letras: "Hay viento y Dios silva una canción de Frank Sinatra", escribe el mexicano José Eugenio Sánchez. Es todo el eco de Borges que se encontrará en estas páginas. De esta arcilla en la que se mezcla la parodia implícita del *gran escritor* por excelencia y la cultura popular con nombre y apellido están hechos casi todos estos *zurdos* del continente.

¿Pero existe en verdad una "última poesía latinoamericana"? ¿No sería más acertado en plural, puesto que la existencia de *una* poesía latinoamericana, última o primera, es lo que está siempre en discusión? Existe al menos esta poesía *zur-da*, según los antólogos, cuya entidad, como es obvio, resulta de un acto de interpretación, no de crasa positividad. Zurda y latinoamericana: desviación al cuadrado; desviaciones superpuestas. Para el mapuche chileno Jaime Luis Huenún, por ejemplo, la adscripción a

César Vallejo es electiva, como la adopción de un modelo (si irónico no menos ideal): "El mundo se concentra en tu índice, César/ y acusa a mis poemas de no tener/ ni la más remota filiación/ con tus jueves parisinos". Para el peruano Lorenzo Helguero, en cambio, Vallejo es un hartante prócer venerado en las escuelas del país. Mil veces hemos discutido si una antología de poesía latinoamericana no hace sino imprimir sobre un mapa físico una aspiración política: una yuxtaposición de fenómenos distintos; no sin relación, pero con una serie de hibridaciones más complejas y menos continuas de las que se dan en un conjunto homogéneo (como suelen ser, aproximadamente, cada uno de los sistemas nacionales tomados por separado). La pregunta que vuelve es: ¿qué sostiene, qué vertebra, entonces, a esta(s) última(s) poesía(s) latinoamericana(s)?

La multiplicidad está asumida ya por los autores del troquel en la tipografía del título: *Zur Dos*, donde el Sur representa por antonomasia a todo el subcontinente latinoamericano, y donde el "dos" tacha desde el origen toda expectativa de univocidad. Un juego al que quizás se podría agregar, antepuesto, la partícula *ab* (de aborígenes, abollados, abrumados, pero no absueltos): *Ab Zur Dos*. Es decir: "asombrosos, raros". Rareza que, nuevamente, se sostiene en sí misma, no por el contraste con una normalidad, con una poesía derecha que hoy no existe o es irrelevante. Raros, en todo caso, en la nueva imagen que dibujan sus inquietudes, sus intentos. Raros en la nueva escena de un panorama poético que parecía haber agotado sus posibilidades y tendía a amoratarse en el aire viciado de los proyectos ya demasiado cumplidos. En el prólogo al *Proyecto de obras completas* de Rodrigo Lira (1983) escribe Enrique Lihn: "La poesía de Lira deriva de la censura y es el argot de una promoción o de un grupo generacional, que en no poca medida prolonga el trabajo antipoético y otros, pero en un contexto sociohistórico y político, que convalida la poesía del *absurdo* y ennegrece aún más el humor negro". Lira se suicidó en 1981, el día que cumplía 32 años. En su delirante irreverencia, en su trabajo cómico y patético sobre la lengua (como en sus *Epiglama olengtaleh*) hay un eslabón importante en el rebajamiento de los gigantes poéticos de Chile al duro asfalto provinciano de Santiago. A su modo mártir de los años de plomo de Pinochet, Rimbaud barrial, maldito extemporáneo, algo del "absurdo" que Lihn ve en la poesía de Lira persiste en muchos de estos poetas *ZurDos*, y no sólo en los de Chile.

Pues por fortuna hoy ya no es obligación cifrar entre líneas lo no dicho, lo indecible, pero en nuestros países la violencia palpita siempre, la inestabilidad es fantasma perpetuo, y el poeta trabaja en ese límite devenido centralidad: el de la agresión sublimada y directamente ejercida sobre el idioma como un filo que atraviesa los niveles del lenguaje y los cortocircuita y los fisiona. Abdicando, de paso, de toda venerable genealogía literaria, de toda aristocracia de espíritu ("Que se suicide la poetita de mierda", escribe Malú

Urriola, maldiciéndose a ella misma al mismo tiempo que a Sylvia Plath, Alejandra Pizarnik, ¿Alfonsina incluso?) que fue durante décadas el consuelo del poeta en su creciente soledad, en su incómodo no-lugar.

Si, desde hace ya muchos años, el poeta no tiene un lugar propio –ni en la cultura, ni en la prensa, ni en la mayor parte de las librerías ni siquiera en la institución literaria, en cuya Bolsa sus acciones son prestigiosas pero muy difíciles de vender–, la última escuela latinoamericana con aspiraciones continentales y ecuménicas, el neobarroco, puso en juego una serie de procedimientos poéticos todavía adscriptos a una tradición de la que formaban parte, de manera muy consciente, Góngora, Mallarmé, Lezama Lima. *ZurDos* confirma que nos encontramos ahora en la línea descendente de la parábola: el poeta busca su no-lugar entre los eslóganes publicitarios, la lengua de la calle, el rock, las letras de música pop. No intenta elevar esas formas bajas a la altura de la institución literaria, a la que, si pertenece, es casi *malgré lui*; y puesto a apropiarse de un *corpus* prefiere el de la televisión, los diarios, la calle, el fútbol. Ha persistido en todo caso, de la estética de los ochenta, su parte más deliberadamente lumpen: el *neobarroso* de Perlongher, con su carnavalización de la lengua, en cuya espira se mezclan evocaciones del Siglo de Oro y términos domésticos de inequívoca resonancia rioplatense: el ideal sublime y la fascinación del kitsch, los matemas de Lacan sobre el mantel de hule del comedor diario. La violencia sublimada en el poema, los cadáveres cuyo rastro, en plena dictadura, Perlongher veía por todas partes, siguen estando aquí, ya sin épica ni gloria, como un signo más de la decepción y el final de las ilusiones.

Sí, buena parte de *ZurDos* escriben canciones, pero no sería propio llamarlas *lieds*; son letras; mejor dicho, grados diversos de estilización de estrofas pop, como si resonara en el oído de estos poetas, más que cualquier modelo elevado, o al mismo tiempo, la música popular con la que han crecido, rock sobre todo (aunque sea *rock nacional*), como otros crecieron con el tango, la ranchera o los corridos. El uruguayo Lalo Barrubia, por ejemplo, recupera una inspiración métrica y rítmica, pero al servicio de lo que sólo puede leerse como un rap: "Cuando la gusana muerde la banana/ se siente culpable y se siente mejor/ las cosas robadas resultan pesadas/ pero arden en la boca con otro sabor". Momento paradójico en el que la melodía se globaliza pero la letra se nacionaliza, puesto que la inflexión de la canción popular, tal como aquí se refleja, necesita del argot y de la inflexión local. Sólo que, ahora, deliberadamente, toda categorización se borra, se aplasta sobre el eje inferior (así el neo-goliardesco "cura ciruja" de *La zanjita*, del argentino Juan Desiderio, repartiendo salvaciones en la plaza: "vó te quedá/ vó te vá al cielo/ vó te quedá"). Canciones: romances, vuelta asintótica al magma de la lengua anterior a la academia, a la latinización, en la que cultura popular y elevada aún no se han desprendido del todo. Canciones como en las inquietantes coplitas de Gambarotta, donde aparece otra de las líneas sutiles que cruzan la antología: la ridiculización –el agotamiento– del slogan político: "La gallina en su cama de paja/ empolla un huevo en una caja/ la tierra para quien la trabaja". La referencia culta, si aparece, es como ocasión de su parodia, como en Sergio Parra frente a Quevedo: "Retirado en la paz de este pequeño apartamento/ con pocos pero doctos libros/ vivo en conversación con los vecinos". Y, también, en el mismo Parra, un gesto muy extendido entre los *ZurDos*: la radical intolerancia contra la cultura decorativa pequeñoburguesa, contra la cursilería del *midcult* (con la que, no se sabe bien por qué, siempre se ha identificado a Julio Cortázar): "Canto de memoria los temas de Julio Iglesias/ Leo a Cortázar".

Hay muchos modos de ser *ZurDos* o *AbZurDos* y en tal sentido este libro no muestra una tendencia dominante sino más bien una serie de haces, una dispersión de líneas cuya unidad radica precisamente en el trabajo individual de deconstrucción de las tradiciones y los valores. En la cubana Damaris Calderón, por ejemplo, aparecen en una misma página, aludidos o explícitos, Juan Luis Martínez, Virginia Woolf, Pizarnik, Pound, Apollinaire: gesto barroco en la ávida constelación de autoridades pero vaciado de toda voluntad solemne, acaso como un resto palpable aún pero ya decaído de la vieja aspiración americana al codeo altivo con las autoridades de cualquier época y latitud. Hay gestos vanguardistas todavía, como en el boliviano Juan

Carlos Ramiro Quiroga y sus poemas que deben leerse de arriba para abajo y de derecha a izquierda o en el chileno Novoa, en los que el texto dibuja un bloque cuadrado dentro de la página. Está Lorenzo Helguero, quien después de parodiar a Cavafis escribe unos muy interesantes sonetos inspirados en Darío y en Vallejo. Hay fogonazos de la sorpresa, tan americana también, ante la rareza del origen propio, como en el ecuatoriano Edwin Madrid, quien en "Una teoría" construye un curioso monólogo interior de un sujeto colectivo que sería la raza misma remontando la historia de su sangriento *melting pot*. Y está la inflexión femenina de la voz, ligera y patética a la vez, como en la peruana Rocío Silva Santisteban, cuyo personaje poético puede estar preocupado por la celulitis como por un amante que la deja para cumplir con sus deberes maritales y una rara fantasía sexual nada menos que con T. S. Eliot.

Procedencia de los trabajos

Con alguna excepción, los trabajos reunidos en este libro aparecieron en diversas publicaciones de Argentina y España. Todos fueron revisados con el fin de limar el énfasis, matizar argumentos, pulir desajustes, evitar reiteraciones. En su primera redacción, los artículos fueron publicados en los siguientes medios:

"Poesía y alquimia": escrito originalmente para la sesión de la S.E.L. (Societat d'Estudis Literaris de Barcelona) del 15 de abril de 2002. Más tarde apareció en *Sibila* (nº 10, Sevilla, octubre de 2002) y en *Diario de Poesía* (nº 65, Buenos Aires, julio de 2003).

"Opinión pública y poesía escondida" y "Orfeo en el quiosco de diarios" fueron escritos a partir de las exposiciones preparadas para el seminario *Poesía y periodismo*, que se llevó a cabo en el Centro Cultural Parque España de Rosario en mayo de 2005. El primero de ellos se publicó en el nº 11 de *Lucera* (Rosario, diciembre de 2005); el segundo, en *Diario de Poesía,* nº 71, diciembre de 2005.

"Apollinaire, poesía sobre el plano" fue escrito a partir de la conferencia dictada en septiembre de 2006 en el

Centro Cultural Parque España de Rosario, en el ciclo *Ut pictura poesis*, coordinado por María Teresa Gramuglio.

El ensayo sobre Cavafis se publicó como "*El dios abandona a Antonio*: historia y mito en Cavafis" (*Hablar de Poesía*, nº 5, Buenos Aires, junio de 2001).

"El cazador y la presa" (*Diario de Poesía*, nº 67, abril de 2004).

"Tres viajes (Sarmiento, Darío, Rusiñol)" fue escrito originalmente como conferencia para un ciclo sobre literatura argentina organizado por la Universitat Oberta de Catalunya, en Barcelona, marzo de 2004. Es inédito.

"Ricardo Molinari, el solitario y los puentes" fue escrito por un encargo de la revista *El Ciervo* (nº 563, Barcelona, febrero de 1998) y reproducido después en *Hablar de Poesía*, nº 3, junio de 2000.

"En el espejo de Alejandra Pizarnik" se publicó como "La poesía de Alejandra Pizarnik: una lectura de *Extracción de la piedra de locura*" en *Cuadernos Hispanoamericanos*, nº 644, Madrid, febrero de 2004.

"Apuntes sobre la poesía de Juan José Saer": revista digital poesia.com, nº 10, 2001.

"*Arturo y yo* en la filiación de Carrera" apareció como epílogo a la reedición de ese título de Arturo Carrera (Córdoba, Alción, 2002).

"El teatro de la lengua de Daniel Samolovich", en el nº 715-716 de *Insula* (Madrid, julio-agosto de 2006).

"De Heine a Bécquer" apareció como "Heine y el vacío romántico español" en *Diario de Poesía,* nº 41, otoño austral de 1997.

"Cernuda y *Las nubes*" (revista digital poesia.com, nº 18, 2003; luego recogido en *Sibila*, nº 15, Sevilla, 2004).

"Gabriel Ferrater y el *Poema inacabado*" formó parte del dossier que sobre el poeta catalán publicó *Diario de Poesía*, nº 61, septiembre de 2002.

"Poesía argentina de los noventa: del neobarroco al objetivismo (y más allá)": el germen de este artículo fue el prólogo –con el título de "Flâneurs desasosegados"– a una antología de poesía joven argentina publicada por la revista *La Página* (nº 33, Santa Cruz de Tenerife, 1998). Más tarde apareció, más extenso, como "Poesía argentina actual, del neobarroco al objetivismo", en *Cuadernos Hispanoamericanos* (nº 588, junio de 1999). En 2001, en versión nuevamente revisada, fue incluido en la página web BazarAmericano.com.

"Dicción en la última poesía argentina" es la ampliación de un texto preparado como ponencia para el coloquio *Poesía argentina contemporánea: tradiciones, rupturas y derivas*, Université de Bretagne-Sud, Lorient, Francia, noviembre de 2006.

"*Zeitgeist* ZurDo" apareció como epílogo para la antología *ZurDos (última poesía latinoamericana)* preparada por Yanko González y Pedro Araya (Buenos Aires, Paradiso, 2004; y Madrid, Bartleby, 2005).

Bibliografía consultada:

Aguirre, Osvaldo: *Las vueltas del camino* (1992); *Al fuego* (1994).

Bignozzi, Juana: *Mujer de cierto orden* (1967); *Regreso a la patria* (1989); *Interior con poeta* (1993); *Partida de las grandes líneas* (1997).

Carrera, Arturo: *Escrito con un nictógrafo* (1972); *Momento de simetría* (1973); *Oro* (1975); *Ciudad del colibrí* (1982); *La partera canta* (1982); *Mi padre* (1983); *Arturo y yo* (1984); *Animaciones suspendidas* (1986); *Ticket para Edgardo Russo* (1987); *Children's Corner* (1989); *Negritos* (1993); *La banda oscura de Alejandro* (1994) y *El vespertillo de las parcas* (1997).

Casas, Fabián: *Tuca* (1990); *El salmón* (1996).

Cerro, Emeterio: *La barrosa* (1982).

Desiderio, Juan: *Barrio trucho* (1993)

Gambarotta, Martín: *Punctum* (1995).

García Helder, Daniel: *El faro de Guereño* (1990); *El guadal* (1994).

Gelman, Juan: *Cólera buey* (1965), *Hechos y relaciones* (1980), *Si dulcemente* (1980), *La junta luz* (1985), *Com/posiciones* (1986), *Interrupciones I* (1986), *Interrupciones II* (1988), *Salarios del impío* (1993), *Dibaxu* (1995), *Incompletamente* (1997).

Gianuzzi, Joaquín O.: *Contemporáneo del mundo* (1962); *Señales de una causa personal* (1977); *Principios de incertidumbre* (1980); *Violín obligado* (1984).

Kamenszain, Tamara: *De este lado del Mediterráneo* (1973), *Los No* (1977), *La casa grande* (1986), *Vida de living* (1991), *Tango bar* (1998).

Lamborghini, Leónidas: *Las patas en la fuente* (1965); *El solicitante descolocado* (1971; reeditado en 1990); *Partitas* (1972); *Eva Perón en la hoguera* (disco con el poema recitado por Norma Bacaicoa con música de Dino Saluzzi; 1973); *Circus* (1986); *Odiseo confinado* (1992).

Perlongher, Néstor: *Austria-Hungría* (1980), *Alambres* (1987), *Hule* (1989), *Parque Lezama* (1990) y *Aguas Aéreas* (1991), *Poemas completos* (1997).

Piccoli, Héctor A.: Si no a enhestar el oro oído (1984); Filiación del rumor (1993).

Prieto Martín: *Verde y blanco* (1989); *La música antes* (1995).

Rubio, Alejandro: *Música mala* (1997), *Metal pesado* (1999).

Saer, Juan José: *El arte de narrar* (1988).

Samoilovich, Daniel: *Párpado* (1973), *El mago* (1984), *La ansiedad perfecta* (1991), *Hidrografías* (1996) y *Superficies iluminadas* (1996).

Taborda, Oscar: *40 watts* (1993).

Zelarayán, Ricardo: *La obsesión del espacio* (1972, reeditado 1997).

Índice

Prólogo 5
Agradecimientos 15

Poetas sobre el plano 17
    Poesía y alquimia 19
    Opinión pública y poesía escondida 31
    Decanos del gremio 45
    Orfeo en el quiosco de diarios 51
    Apollinaire, poesía sobre el plano 65
    El cazador y la presa 94
    Cavafis abandonado por Hércules 99

Dominio argentino 121
    Tres viajes (Sarmiento, Darío, Rusiñol) 123
    Ricardo E. Molinari, el solitario y los puentes 141
    En el espejo de Alejandra Pizarnik 157
    Apuntes sobre la poesía de Juan José Saer 178
    Arturo y yo en la filiación de Carrera 187
    El teatro de la lengua de Daniel Samoilovich 194

Dominio ibérico 205
- De Heine a Bécquer 207
- Cernuda y *Las nubes* 228
- Gabriel Ferrater y *El poema inacabado* 240

Partes de un tiempo 269
- Poesía argentina de los noventa: del neobarroco al objetivismo (y más allá) 271
- Dicción en la poesía argentina 295
- Zeitgeist *ZurDo* (epílogo a una antología de última poesía latinoamericana) 314

Procedencia de los trabajos 322

Esta edición de 2000 ejemplares se terminó de imprimir
en Edigraf, Delgado 834, Buenos Aires, en el mes de julio de 2007.